NEUROCIÊNCIA E ALFABETIZAÇÃO PARA CRIANÇAS NEUROTÍPICAS E NEUROATÍPICAS

Editora Appris Ltda.
1.ª Edição - Copyright© 2025 dos autores
Direitos de Edição Reservados à Editora Appris Ltda.

Nenhuma parte desta obra poderá ser utilizada indevidamente, sem estar de acordo com a Lei nº 9.610/98. Se incorreções forem encontradas, serão de exclusiva responsabilidade de seus organizadores. Foi realizado o Depósito Legal na Fundação Biblioteca Nacional, de acordo com as Leis nos 10.994, de 14/12/2004, e 12.192, de 14/01/2010.

Catalogação na Fonte
Elaborado por: Dayanne Leal Souza
Bibliotecária CRB 9/2162

K299n
2025
	Klen, Rosana Aparecida Dea
	  Neurociência e alfabetização para crianças neurotípicas e neuroatípicas / Rosana Aparecida Dea Klen. – 1. ed. – Curitiba: Appris, 2025.
	  141 p. ; 21 cm. – (Coleção Educação, Tecnologias e Transdisciplinaridades).
	
	  Inclui referências.
	  ISBN 978-65-250-7824-3
	
	  1. Neurociência. 2. Alfabetização. 3. Transtornos do neurodesenvolvimento. 4. Consciência fonológica. 5. Princípio alfabético. I. Klen, Rosana Aparecida Dea. II. Título. III. Série.
	
	CDD – 372.41

Livro de acordo com a normalização técnica da ABNT

Editora e Livraria Appris Ltda.
Av. Manoel Ribas, 2265 – Mercês
Curitiba/PR – CEP: 80810-002
Tel. (41) 3156 - 4731
www.editoraappris.com.br

Printed in Brazil
Impresso no Brasil

Rosana Aparecida Dea Klen

NEUROCIÊNCIA E ALFABETIZAÇÃO PARA CRIANÇAS NEUROTÍPICAS E NEUROATÍPICAS

Appris editora

Curitiba, PR
2025

FICHA TÉCNICA

EDITORIAL	Augusto Coelho
	Sara C. de Andrade Coelho

COMITÊ EDITORIAL E CONSULTORIAS
- Ana El Achkar (Universo/RJ)
- Andréa Barbosa Gouveia (UFPR)
- Antonio Evangelista de Souza Netto (PUC-SP)
- Belinda Cunha (UFPB)
- Délton Winter de Carvalho (FMP)
- Edson da Silva (UFVJM)
- Eliete Correia dos Santos (UEPB)
- Erineu Foerste (Ufes)
- Fabiano Santos (UERJ-IESP)
- Francinete Fernandes de Sousa (UEPB)
- Francisco Carlos Duarte (PUCPR)
- Francisco de Assis (Fiam-Faam-SP-Brasil)
- Gláucia Figueiredo (UNIPAMPA/ UDELAR)
- Jacques de Lima Ferreira (UNOESC)
- Jean Carlos Gonçalves (UFPR)
- José Wálter Nunes (UnB)
- Junia de Vilhena (PUC-RIO)
- Lucas Mesquita (UNILA)
- Márcia Gonçalves (Unitau)
- Maria Margarida de Andrade (Umack)
- Marilda A. Behrens (PUCPR)
- Marília Andrade Torales Campos (UFPR)
- Marli C. de Andrade
- Patrícia L. Torres (PUCPR)
- Paula Costa Mosca Macedo (UNIFESP)
- Ramon Blanco (UNILA)
- Roberta Ecleide Kelly (NEPE)
- Roque Ismael da Costa Güllich (UFFS)
- Sergio Gomes (UFRJ)
- Tiago Gagliano Pinto Alberto (PUCPR)
- Toni Reis (UP)
- Valdomiro de Oliveira (UFPR)

SUPERVISORA EDITORIAL	Renata C. Lopes
PRODUÇÃO EDITORIAL	Sabrina Costa
REVISÃO	Viviane Maria Maffessoni
DIAGRAMAÇÃO	Andrezza Libel
CAPA	Carlos Pereira
REVISÃO DE PROVA	Lavínia Albuquerque

COMITÊ CIENTÍFICO DA COLEÇÃO EDUCAÇÃO, TECNOLOGIAS E TRANSDISCIPLINARIDADE

DIREÇÃO CIENTÍFICA
Dr.ª Marilda A. Behrens (PUCPR)
Dr.ª Patrícia L. Torres (PUCPR)

CONSULTORES
- Dr.ª Ademilde Silveira Sartori (Udesc)
- Dr. Ángel H. Facundo (Univ. Externado de Colômbia)
- Dr.ª Ariana Maria de Almeida Matos Cosme (Universidade do Porto/Portugal)
- Dr. Artieres Estevão Romeiro (Universidade Técnica Particular de Loja-Equador)
- Dr. Bento Duarte da Silva (Universidade do Minho/Portugal)
- Dr. Claudio Rama (Univ. de la Empresa-Uruguai)
- Dr.ª Cristiane de Oliveira Busato Smith (Arizona State University /EUA)
- Dr.ª Dulce Márcia Cruz (Ufsc)
- Dr.ª Edméa Santos (Uerj)
- Dr.ª Eliane Schlemmer (Unisinos)
- Dr.ª Ercilia Maria Angeli Teixeira de Paula (UEM)
- Dr.ª Evelise Maria Labatut Portilho (PUCPR)
- Dr.ª Evelyn de Almeida Orlando (PUCPR)
- Dr. Francisco Antonio Pereira Fialho (Ufsc)
- Dr.ª Fabiane Oliveira (PUCPR)
- Dr.ª Iara Cordeiro de Melo Franco (PUC Minas)
- Dr. João Augusto Mattar Neto (PUC-SP)
- Dr. José Manuel Moran Costas (Universidade Anhembi Morumbi)
- Dr.ª Lúcia Amante (Univ. Aberta-Portugal)
- Dr.ª Lucia Maria Martins Giraffa (PUCRS)
- Dr. Marco Antonio da Silva (Uerj)
- Dr.ª Maria Altina da Silva Ramos (Universidade do Minho-Portugal)
- Dr.ª Maria Joana Mader Joaquim (HC-UFPR)
- Dr. Reginaldo Rodrigues da Costa (PUCPR)
- Dr. Ricardo Antunes de Sá (UFPR)
- Dr.ª Romilda Teodora Ens (PUCPR)
- Dr. Rui Trindade (Univ. do Porto-Portugal)
- Dr.ª Sonia Ana Charchut Leszczynski (UTFPR)
- Dr.ª Vani Moreira Kenski (USP)

AGRADECIMENTOS

A Deus, que plantou em mim um propósito de vida e me inspira a almejar metas e sonhos.

Ao meu esposo, Daniel, e à minha filha, Fernanda, que, além de estarem ao meu lado diariamente, torceram por mim e acreditaram no meu sonho de escrever este livro.

À minha coordenadora, Lucimar, pelo apoio inestimável ao oportunizar espaços para que eu pudesse alfabetizar.

À querida professora Solange Augusto, pela dedicação em fazer a revisão deste projeto, transmitindo sua experiência e conhecimento.

À diretora Simone e amigas queridas Luzia e Adriana pelo apoio e motivação.

À Luciana Brites, do Instituto Neurosaber, por possibilitar grandiosos conhecimentos sobre neuroalfabetização, os quais estimularam a mobilização de saberes para a implementação deste projeto.

Aos meus pais queridos (*in memoriam*).

E a todos aqueles que, mesmo não nominados, de alguma forma especial, fazem parte de minha vida ou passaram por ela, deixando suas marcas, inspirações e sonhos, dos quais um deles eu concretizo com a realização deste grandioso projeto.

PREFÁCIO

A pesquisa no campo da neurociência tem avançado amplamente na compreensão de como o cérebro aprende. Mas é preciso sistematizar esse conhecimento para que seja possível construir a ponte entre a ciência e a educação.

Inserir as descobertas da neurociência no contexto educativo é um passo essencial para que os professores possam inovar suas estratégias pedagógicas e os estudantes consigam escolher práticas de estudo mais efetivas.

A neurociência tem explicado, de forma crescente, o processo de alfabetização com evidências cientificamente comprovadas, no sentido de compreender o cérebro humano e como ele adquire e processa a linguagem e a leitura.

A neurociência tem se revelado de suma importância para o processo de alfabetização, oferecendo aos educadores *insights* valiosos sobre as especificidades do aprendizado infantil, bem como estratégias mais eficazes. Ao compreender como o cérebro das crianças é influenciado pelo ambiente, os professores podem utilizar estímulos mais adequados para facilitar o aprendizado em sala de aula.

Entre os principais benefícios da neurociência para a alfabetização, destacam-se a melhor compreensão do desenvolvimento dos alunos e a adoção de estratégias personalizadas. A neurociência adota métodos diferenciados de acordo com as necessidades específicas das crianças neurotípicas e neuroatípicas.

Portanto, a autora deste livro tem como objetivo norteador explicitar a importância da neurociência e da alfabetização para as crianças neurotípicas e neuroatípicas em sua prática pedagógica, sob o parâmetro da inclusão e da adaptação curricular.

Recomendo a leitura deste livro a todos os profissionais da educação e a neurocientistas. Fundamentado na neurociência, o conteúdo oferece subsídios para uma aprendizagem eficaz, para que nossas crianças e estudantes possam exercer um papel ativo e crítico na sociedade. A obra contribuirá imensamente para uma educação de qualidade.

Solange do Rocio da Silva Augusto
Pedagoga, socióloga, pós-graduada em Educação Especial, Psicopedagogia, Autismo com base no Modelo de Ensino Estruturado e pós-graduada em Atendimento Escolar Especializado. Mestranda do Curso de Mestrado Profissional em Rede Nacional para Ensino das Ciências Ambientais na Universidade Federal do Paraná – Setor Litoral.

SUMÁRIO

INTRODUÇÃO 11

1
O QUE É ALFABETIZAÇÃO? 15

2
O QUE É NEUROCIÊNCIA? 19

3
CIÊNCIA COGNITIVA DA LEITURA 25

4
PESSOAS NEUROTÍPICAS E NEUROATÍPICAS: CONCEITUAÇÃO ... 29

5
A IMPORTÂNCIA DA INCLUSÃO 31
    5.1 RESPALDO LEGAL DA INCLUSÃO 33

6
TRANSTORNOS DA APRENDIZAGEM 37
    6.1 TRANSTORNO ESPECÍFICO DA APRENDIZAGEM COM PREJUÍZO NA LEITURA (Dislexia) 39
    6.2 TRANSTORNO ESPECÍFICO DA APRENDIZAGEM COM PREJUÍZO NA EXPRESSÃO ESCRITA (Disortografia e disgrafia) 40
    6.3 TRANSTORNO ESPECÍFICO DA APRENDIZAGEM COM PREJUÍZO NA MATEMÁTICA (Discalculia) 44

7
TRANSTORNOS DO NEURODESENVOLVIMENTO 47
    7.1 TRANSTORNO DO DESENVOLVIMENTO INTELECTUAL (Deficiência intelectual) 48

7.2 TRANSTORNO DO ESPECTRO AUTISTA (TEA) 51
7.3 TRANSTORNO DE DÉFICIT DE ATENÇÃO E HIPERATIVIDADE (TDAH) 52

8
ALFABETIZAÇÃO E LETRAMENTO 55

9
MÉTODOS E ABORDAGENS METODOLÓGICAS DA ALFABETIZAÇÃO 61

10
ADEQUAÇÃO METODOLÓGICA PARA ALUNOS DE INCLUSÃO 75

11
A IMPORTÂNCIA DA PSICOMOTRICIDADE 77

12
APLICAÇÃO PRÁTICA 83

13
PROCEDIMENTOS DE ALFABETIZAÇÃO PARA ALUNOS DE INCLUSÃO E ALUNOS NEUROTÍPICOS – ETAPAS 85

EPÍLOGO 125

REFERÊNCIAS 129

INTRODUÇÃO

A alfabetização é um tema que descortina saberes construídos historicamente pela humanidade. Uma pessoa não alfabetizada, de modo analítico, encontra-se na escuridão do saber acadêmico, tendo que conviver em uma sociedade letrada sem essa habilidade.

O Brasil apresenta baixos índices de proficiência na leitura e escrita. Os resultados da pesquisa Alfabetiza Brasil (Brasil, 2023), realizada pelo INEP/Ministério da Educação, mostram que apenas quatro em cada dez crianças do 2º ano do Ensino Fundamental (anos iniciais) estavam alfabetizadas no país em 2021.

O documento explicita que, na edição de 2019, 38,5% dos estudantes se concentraram nos quatro primeiros níveis da escala de proficiência de língua portuguesa, composta por oito níveis. Já em 2021, após a pandemia, os mesmos níveis concentraram 46,7% e desses, 14,3% ficaram abaixo do nível 1 de proficiência. Esses dados demonstram uma piora no cenário educacional brasileiro.

O nível 1 supramencionado, revela que os estudantes não dominam quaisquer habilidades de leitura e escrita.

De acordo com o Relatório do PISA 2018 (Brasil, 2020), letramento em leitura é definido como a capacidade de compreender, usar, avaliar, refletir sobre e envolver-se com textos, a fim de alcançar um objetivo, desenvolver conhecimento e potencial e participar da sociedade (Brasil, 2020, p. 24). Os dados do PISA em letramento indicam que cerca de 50% dos alunos avaliados ficaram no nível 2. Nesse nível, os leitores somente começam a demonstrar a capacidade de usar suas habilidades de leitura para adquirir conhecimento. Ao todo foram avaliados 2,905 milhões jovens de 15 anos em 2018.

Esses dados já eram alarmantes antes da pandemia, especialmente entre jovens de 15 anos. Todavia, um levantamento realizado pela Organização da Sociedade Civil (OSC) Todos Pela Educação (Brasil, 2021) aponta um elevado déficit na alfabetização das crianças na faixa etária de 6 e 7 anos. Houve um aumento do analfabetismo de 66% de 2019 para 2021. Em 2019, 1,4 milhão de crianças estavam nessa situação e 2,4 milhões em 2021. Segundo o relatório, o impacto da pandemia pode levar cinco anos ou mais para ser superado. Além disso, o estudo revela campos de desigualdade social, pois enfatiza que os índices são mais preocupantes pois afetam crianças pobres.

De acordo com a Unesco (2003), o analfabetismo está interferindo no futuro do Brasil. Nosso país se constitui de vários "Brasis", composto por pessoas que não têm oportunidades para se alfabetizarem. O analfabetismo se enraíza na pobreza, tanto em áreas rurais como urbanas. Diante desse cenário, espera-se que esses excluídos caminhem para a morte, levando consigo indicadores estatísticos de desigualdade. "A sua exclusão é um fato que não pode ser ignorado. Trata-se daquela privação terrível para a qual não se pode fechar os olhos." (Brasil, 2003, p. 7)

Em 2023, o Ministério da Educação (MEC) lança o Compromisso Nacional Criança Alfabetizada (Brasil, 2023), o qual visa assegurar que todas as crianças brasileiras estejam plenamente alfabetizadas até o término do 2º ano do Ensino Fundamental (anos iniciais).

No mesmo ano, é apresentado o relatório da pesquisa Alfabetiza Brasil (Brasil, 2023) pelo INEP/MEC que destaca a alfabetização em conformidade com os postulados de Soares (2016) quando explicita que alfabetização e letramento abrange três diferentes facetas, a linguística, a interativa e a sociocultural. O documento admite que com base nas pesquisas sobre alfabetização é necessário que a criança se aproprie das regras da língua que organizam o sistema de escrita. O documento concebe a alfabetização "como a apropriação do sistema de escrita alfabética de modo articulado ao domínio progressivo de habilidades de leitura e produção de textos com autonomia" (Brasil, 2023, p. 5).

Também reconhece que se faz necessário processos de interação com a língua, com outras crianças e com o texto, além de considerar as situações de leitura e escrita no contexto social e histórico-cultural. Sendo assim, a alfabetização não deve ser somente entendida como tecnologia da leitura e escrita, mas também como letramento que abrange "a introdução da criança às práticas sociais da língua escrita" (Soares, 2016, p. 27).

Diante do exposto, acreditamos na relevância de apresentar um estudo acerca da alfabetização que dialogue com as políticas públicas atuais e se respalde nas pesquisas baseadas em evidências científicas preconizadas pelas neurociências.

O campo de estudos das neurociências começou a tomar corpo após a Segunda Guerra Mundial, devido ao incontável número de feridos e consequentemente graves transtornos mentais. As décadas posteriores a 1945, foram promissoras nas pesquisas sobre o funcionamento do cérebro, entretanto foi na década de 1970 que as pesquisas eclodiram e na contemporaneidade, o pesquisador Dehaene (2012) empreende estudos exclusivos sobre como o cérebro aprende a ler. O autor descreve a rota neurológica de estímulos para a aprendizagem da leitura e suas teorias esclarecem qual método de alfabetização é o mais adequado.

Ao considerar a neurociência como base teórica, as práticas de alfabetização propostas nesse estudo podem ser usadas para alfabetizar qualquer criança, seja ela neuroatípica ou neurotípica, ocorre que devido às demandas escolares e os dados que comprovam os baixos índices de aprendizagem, verificou-se a necessidade de um material que sustente certa atenção aos alunos de inclusão (neuroatípicos).

Convém ressaltar que este livro foi inspirado no trabalho de reabilitação cognitiva, com uma jovem de 16 anos, com diagnóstico e laudo de Transtorno do Espectro Autista e Deficiência Intelectual Moderada. Essa aluna de inclusão, em 2023 se encontrava matriculada no 9º ano do Ensino Fundamental (anos finais), com muita dificuldade de leitura e escrita.

O texto do documento contempla informações sobre o que é neurociência e o que é inclusão. Conceitua o que são transtornos do neurodesenvolvimento e transtornos de aprendizagem. Na sequência, narra sobre a importância da psicomotricidade e por fim, apresenta etapas, ou seja, procedimentos de alfabetização para alunos neurotípicos e neuroatípicos. Desponta uma sequência didática respaldada, tanto em referenciais teóricos, quanto vivências práticas no campo da pesquisa.

Este livro tem como principal objetivo apresentar uma sequência didática de práticas pedagógicas para o ensino da leitura e escrita. Segundo Silva (2020), a alfabetização pode ser definida como o processo de aprendizagem que desenvolve a habilidade de ler e escrever de forma adequada ao sistema alfabético. Todavia, nesse texto, a aquisição das habilidades de leitura e escrita requer abordagens metodológicas respaldadas por bases científicas depreendidas pelas neurociências, com validação nas pesquisas da Ciência Cognitiva da Leitura.

1

O QUE É ALFABETIZAÇÃO?

A alfabetização visa proporcionar condições para que o cidadão seja capaz de ler e escrever com autonomia e também de compreender o texto lido nos campos da vida social. Segundo o Relatório da Pesquisa Alfabetiza Brasil realizado pelo INEP/MEC em 2023, os estudos na área da educação explicitam que a alfabetização de crianças se dá de forma processual. Todavia, há um momento em que é preciso estabelecer uma linha de corte para dizer que a criança está alfabetizada. De acordo com a Base Nacional Comum Curricular (BNCC), as crianças devem estar alfabetizadas até o término do 2º ano do Ensino Fundamental (anos iniciais) (Brasil, 2018).

Um ponto importante a destacar é que a aquisição da habilidade de leitura e escrita pressupõe a necessidade de compreender que as letras não são apenas sinais, mas representam os sons da fala (fonemas). A junção desses sons formam as palavras e esse processo se dá na relação grafofonêmica, que constitui o princípio alfabético. Tal relação deve ser ensinada de forma explícita, sistemática e planejada por meio de uma abordagem fonológica e fônica.

De acordo com a Política Nacional de Alfabetização (PNA) (Brasil, 2019), a palavra alfabetização em diversas situações é utilizada de forma imprecisa, gerando estranhamento e confusão no âmbito da Pedagogia, outro ponto é o desconhecimento de muitos pais, que acreditam que seus filhos estão alfabetizados quando mal sabem ler. A PNA com respaldo na Ciência Cognitiva da Leitura, define alfabetização como a habilidade de leitura e escrita em um sistema alfabético. Convém explicitar que nosso sistema de escrita é alfabético e não silábico, por isso o processo de ensino se dá na relação biunívoca entre grafemas e fonemas (Brasil, 2019).

A PNA esclarece que o sistema alfabético implica na representação dos caracteres do alfabeto (letras) e ao mesmo tempo os sons da fala. Segundo Brites (2021c), a escrita passou por um processo de desenvolvimento. Surgiu de forma pictográfica pelos egípcios que desenhavam nas cavernas e, depois de certo tempo, a Fenícia, devido ao comércio, sentiu a necessidade de facilitar o processo de escrita; então, criaram um sistema de escrita composto por 22 símbolos que representavam os sons da fala. Esse alfabeto era formado somente por consoantes, as vogais vieram mais tarde com os gregos. A história da escrita é datada de cerca de 3.500 anos a.C.

Para que o processo de alfabetização tenha sentido, é preciso superar a decodificação pausada e lenta para a fluência de leitura e com isso garantir que se avance para a compreensão leitora. Segundo a PNA, a compreensão de textos deve ser o objetivo final da leitura. Num primeiro momento, a criança deve aprender a decodificar as palavras e somente depois da identificação automática de palavras ela desenvolverá a fluência de leitura e, como consequência, a compreensão leitora (Brasil, 2019).

Ainda segundo a PNA, esse processo implica na articulação entre diversos fatores, ou seja, vocabulário, conhecimento de mundo e inferências. A exemplo, muitas vezes a criança tem uma boa leitura mas não compreende, pois não possui repertório e vocabulário para aquele texto. Agora, se a falta de compreensão não estiver ligada a esses fatores, pode ser um caso de analfabetismo funcional (Brasil, 2019).

O processo de alfabetização precisa considerar os contextos da vida social após o trabalho com o princípio alfabético. No momento de explorar fluência de leitura e compreensão leitora, recomenda-se utilizar textos que circulam no campo de atuação da vida cotidiana, tais como receitas culinárias, bilhetes, convites e rótulos, pois apresentam funções sociais exercidas pelas crianças no processo de alfabetização, seja na experiência dentro ou fora da escola. Essa etapa consiste no letramento e abrange estudantes que já passaram pelo desafio da decifração do texto, fonema por fonema, palavra por palavra.

No sentido ora explicitado, a alfabetização não é compreendida apenas como a tecnologia de decifrar e decodificar grafemas e fonemas, mas está articulada ao conceito de letramento que envolve "a introdução da criança às práticas sociais da língua escrita" (Soares, 2016, p. 27).

O QUE É NEUROCIÊNCIA?

As mudanças da sociedade contemporânea denotam avanços científicos e tecnológicos que influenciam os campos de estudos educacionais. Todavia, prima-se por um sistema educacional democrático que adentre os novos processos de conhecimento sobre a forma como o ser humano aprende. É, pois, de suma importância proporcionar um redimensionamento pedagógico capaz de intervir nos ambientes educativos, com o intuito de estimular o potencial dos estudantes e oportunizar melhor desempenho educacional.

No Brasil, o Decreto nº 9.765, de 11 de abril de 2019, instituiu, na prática, a Política Nacional de Alfabetização (PNA), com base nas evidências científicas e respaldo nas neurociências.

A neurociência é uma área de estudo atual e multidisciplinar que abrange neurologia, psicologia e biologia, além de estudar o sistema nervoso, que envolve o cérebro, a medula espinhal e os nervos. Essas diferentes partes do sistema nervoso atuam no comportamento, na cognição, nas emoções, na percepção, na memória, na consciência, nos pensamentos e ainda outros aspectos relevantes.

Essa área busca explorar tanto a estrutura quanto as funções do sistema nervoso em diferentes aspectos a iniciar pela célula, até a formação de redes neuronais mais complexas que formam um emaranhado de sistemas cerebrais. Esse processo implica no estudo científico de componentes físicos e químicos que influenciam na plasticidade neural, que é a capacidade do cérebro modificar seu estado e reaprender. Todo esse processo influencia as bases neurais da cognição, constituídas das funções cognitivas e executivas, como o aprendizado, a memória, a linguagem, o planejamento, o controle inibitório e a tomada de decisões (Cosenza; Guerra, 2011).

Para o processo de alfabetização é de suma importância ativar circuitos neurais de memória. As memórias ficam armazenadas em diferentes áreas do cérebro, gerenciadas pelo hipocampo. Considerando a premissa da memória, esses circuitos são ativados na medida em que a criança é estimulada a exercitar e repetir determinadas informações por um período de 10 a 20 minutos diariamente. Assim, a memória se consolida e são formadas sinapses neuronais.

A neurociência investiga os caminhos e as formas como o cérebro aprende e memoriza, abrangendo as sinapses e os circuitos neuronais. Segundo Bortoli e Teruya (2017), o principal objetivo das neurociências é compreender os meios pelos quais os seres humanos percebem, agem, aprendem e memorizam.

> [...] as neurociências têm demonstrado que os processos cognitivos e emocionais estão profundamente entrelaçados no funcionamento do cérebro e têm tornado evidente que as emoções são importantes para que o comportamento mais adequado à sobrevivência seja selecionado em momentos importantes da vida dos indivíduos (Cosenza; Guerra, 2011, p. 76).

No cérebro, há neurônios preparados para serem estimulados, ou seja, a atividade mental passa por um processo cerebral no qual estimula a reconstrução de conjuntos neurais, e com isso processa experiências, inter-relações humanas, diálogo e trocas de experiências. Importa argumentar que as informações captadas pelos órgãos dos sentidos são transformadas em estímulos elétricos que percorrem os neurônios. Todo esse processo, movimentado por sinapses e circuitos neurais, é arquivado na memória. Nessa teia neurológica, dados novos são agregados, novas relações são conectadas e novas memórias se formam. Há, portanto, um reprocessamento neural cujo resultado é a neuroplasticidade (Cosenza; Guerra, 2011).

De acordo com Cosenza e Guerra (2011), tudo isso é realizado por intermédio de circuitos nervosos, constituídos por dezenas de bilhões de células, chamadas de neurônios. Essas células, com o passar de milhares de anos, foram se especializando para receber e conduzir informações, formando cadeias cada vez mais complexas.

Diante do exposto, o cérebro pode ser visto como um sistema dinâmico, cuja complexidade é articulada pela sua interação com outros sistemas que fazem parte de sua anatomia, não podendo ser identificado como uma parte do corpo estática que apenas armazena informações.

Na perspectiva de aprendizagem baseada em evidências científicas, a correlação com o conteúdo das neurociências é imprescindível. Importa aproximar a área de estudo das neurociências ao campo pedagógico escolar, para que alcance o fazer docente.

Segundo Tardif (2003), a tarefa docente implica em compreender os alunos e suas particularidades, tanto individuais quanto coletivas, de forma a acompanhar sua evolução em sala de aula. O autor afirma que é preciso uma disposição do professor para conhecer o aluno e, ainda, que essa disposição precisa estar envolta por sensibilidade e discernimento, para se evitar generalizações. A aquisição de sensibilidade correlata às diferenças entre os alunos deve ser uma das principais características do trabalho docente.

Ao considerar o papel do trabalho docente, convém salientar que é importante proporcionar ao professor a compreensão de como o cérebro trabalha. Ao obter esses conhecimentos, o docente pode ressignificar sua prática pedagógica, estimulando a motivação em sala de aula.

Em sala de aula, a forma de falar e agir se constitui como elementos da prática docente. Ao inserir a neurociência, o conhecimento converge para recursos didáticos, adaptação metodológica e intencionalidade pedagógica, que começa no planejamento e reverbera em sala de aula.

O professor, ao ter ciência de sua ação pedagógica, desencadeia no aluno reações neurológicas e hormonais que podem ter influência na motivação para aprender. O conhecimento é uma força motriz que movimenta a prática docente a agir nas matrizes biológicas, psicológicas e neurológicas do aluno. Por isso, a interlocução entre neurociência e educação pode influenciar e colaborar com o melhor desempenho docente "uma vez que professores que compreendem a aprendizagem como processo humano que tem raízes biológicas e condicionantes socioculturais do conhecimento, adotam uma gestão mais eficaz tanto das emoções, quanto da aprendizagem de seus estudantes" (Carvalho, 2011, p. 547).

No que se refere aos conhecimentos correlatos à alfabetização, as pesquisas em neurociências protagonizadas por Dehaene (2012) apontam que existe uma área do cérebro, localizada na região occipitotemporal esquerda, que é especializada no reconhecimento das letras quando se aprende a ler e escrever. Essa área, chamada de área da forma visual das palavras, também é conhecida como caixa de letras. Nela, acontece o processamento visual em interação com as regiões de processamento fonológico; é também onde se inicia o circuito neural da leitura (PNA, 2019, p. 26).

Figura 1 – Lobos cerebrais e indicação da área responsável pelo reconhecimento das letras

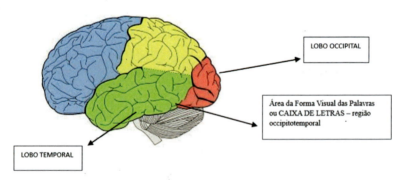

Fonte: Empresa Sanar. Disponível em: https://sanarmed.com/resumo-sobre--anatomia-do-cerebro/. Acesso em: 2 mar. 2024

A alfabetização, no campo da neurociência, abre espaço para ressignificação de práticas docentes por meio da aplicação do conhecimento neurocientífico na organização didático pedagógica. É importante saber que a fase da infância é a mais propícia ao aprendizado, devido à abertura de janelas de desenvolvimento neural. São períodos que podem ser intitulados de "momentos do desenvolvimento em que a experiência exerce um efeito particularmente forte e duradouro na construção dos circuitos cerebrais" (Aamodt; Wang, 2013, p. 73). Por isso, é preciso ter cuidado com frases do tipo "toda criança tem seu tempo".

Na década de 1970, despontaram os estudos da neurociência, mas foi em 1990 que se consolidou como a década do cérebro. Desde então, há uma busca incessante no campo científico da neurociência para se saber como o cérebro age. O interesse na área se respalda nos avanços tecnológicos por meio de estudos de neuroimagem, ressonância magnética entre outros recursos que têm contribuído imensamente para se compreender a mente humana. Hoje, é possível ir além da análise detalhada da anatomia do cérebro e identificar tanto a forma como ele trabalha, quanto seu funcionamento para realizar cada ação (Carvalho, 2011, p. 543).

Na contemporaneidade, as tecnologias com utilização de imagens cerebrais têm possibilitado a descoberta de campos científicos até pouco tempo inexplorados. Com os avanços científicos, surge a intitulada Ciência Cognitiva da Leitura, que aos poucos descortina o funcionamento do cérebro. Nesse processo, descobre-se o que acontece em cada área cerebral durante a aprendizagem da leitura, e, com esse saber, é possível identificar quais as ferramentas mais apropriadas para o ensino da leitura.

3

CIÊNCIA COGNITIVA DA LEITURA

Na década de 1980, diversos países passaram a adotar a educação baseada em evidências científicas para aprimorar os indicadores de qualidade da educação. Nessa perspectiva, o ensino da leitura e escrita passam a absorver conhecimento da área das neurociências. É nesse contexto que emerge a Ciência Cognitiva da Leitura. De acordo com a Política Nacional de Alfabetização (PNA) (Brasil, 2019), essa a ciência refere-se a um campo interdisciplinar que abrange as diferentes disciplinas, tais como a psicologia cognitiva e a neurociência cognitiva, nas quais se estuda a mente e sua relação com o cérebro.

Os estudos da Ciência Cognitiva da Leitura são categóricos ao afirmar que a aprendizagem da leitura e da escrita não é natural e também não é espontânea. Isso significa que não se aprende a ler como se aprende a falar. A leitura e a escrita devem ser ensinadas de modo explícito e sistemático, por meio de métodos cientificamente comprovados. Um dos cientistas pioneiros a discorrer sobre como o cérebro aprende a ler é Dehaene (2012).

Conforme aponta Matos (2023, p. 37):

> O termo "ciência cognitiva" refere-se ao conjunto de empenhos de várias disciplinas que se concentram na compreensão da mente humana e sua relação com o cérebro. Esses esforços abrangem amplas áreas do conhecimento como neurociência, psicologia, linguística, filosofia e inteligência artificial, razão pela qual o vocábulo é frequentemente utilizado no plural: ciências cognitivas.

De acordo com a PNA (2019), somente a partir da década de 1970 é que eclodiram os estudos e pesquisas com o objetivo de demonstrar as melhores formas de ensinar as crianças. E esse avanço se deu devido às novas tecnologias que possibilitam capturar as imagens cerebrais e explorar os circuitos neurais que disparam no ato da leitura. A tecnologia abre caminhos para se explorar campos até então desconhecidos, pois desvendam o funcionamento do cérebro, incluindo o que nele acontece durante a aprendizagem da leitura e da escrita, e ajudam a perceber como é possível facilitar a aprendizagem por meio de um ensino mais apropriado (Dehaene, 2012).

De acordo com Matos (2023), as pesquisas pioneiras de Dehaene (2012) vieram para consolidar a Ciência Cognitiva da Leitura. Sua teoria, apoiada em métodos de estudo experimental e tecnologia de neuroimagem, investiga o cérebro humano e os caminhos para a aprendizagem da leitura. "Nosso cérebro se adapta ao ambiente cultural e recicla antigos circuitos cerebrais de primata, o que lhe permite aprender novas competências e entre essas, adquirir a competência da leitura" (Dehaene, 2012, p. 20).

Para o autor, a invenção do alfabeto datada de 3,5 mil anos, é considerada relativamente nova se for dimensionada em termos de evolução humana (Dehaene, 2012). Acontece que as pessoas aprendem a falar espontaneamente na interação com os outros, mas no campo da leitura e escrita é diferente, pois essa aprendizagem só acontece de forma explícita. Ocorre que a linguagem escrita é uma invenção cultural tardia, muito posterior à fala. Por esse motivo, o cérebro humano ainda tem de se adaptar para que possa aprender a ler e escrever. O conceito de reciclagem neural possibilita que as áreas usadas para funções de visão, audição e fala sejam modificadas e com isso adaptadas para novas aprendizagens (Dehaene, 2012).

Conforme visto, essa reciclagem neural significa que o cérebro tende a se modificar para que a leitura e escrita seja algo possível. Essa forma de aprendizagem estimula o cérebro a criar um caminho que liga por meio de circuitos neurais as áreas de processamento fonológico com a área de processamento visual, e dessa forma uma palavra, quando é vista, ativa no cérebro as mesmas áreas que uma palavra quando é ouvida. Ocorrem junções concomitantes entre essas áreas (Dehaene, 2012).

As neurociências, por meio das pesquisas de Dehaene (2012), indicam que existe uma área do cérebro especializada no reconhecimento das letras quando se aprende a ler. Trata-se da área da forma visual das palavras (AFVP), caixa de letras, situada na região occipitotemporal esquerda, aproximadamente atrás da orelha esquerda, onde se situam as conexões de processamento visual articuladas a regiões de processamento fonológico.

A Ciência Cognitiva da Leitura, por meio das neurociências, tomou uma proporção tão grande que, em 2011, a Academia Brasileira de Ciências publicou o documento intitulado de *Aprendizagem Infantil: uma abordagem da neurociência, economia e psicologia cognitiva*. Nesse documento, há uma parte intitulada "Métodos de Alfabetização", que faz referência a países que fizeram significativa mudança em suas políticas públicas para a alfabetização. Todos esses países ressignificaram seus métodos com respaldo nas evidências científicas. São esses os países: Inglaterra, França, Austrália, Israel e Finlândia. Em 1997, a França criou o Observatório Nacional da Leitura e reformulou as práticas de alfabetização, abrangendo no método de leitura a instrução fônica. O documento ressalta que em todos esses países houve avanço significativo na aprendizagem da leitura e da escrita (Academia Brasileira de Ciências, 2011).

No Brasil, o Decreto nº 9.765, de 11 de abril de 2019, instituiu a Política Nacional de Alfabetização (PNA), com base nas evidências científicas e respaldo na Ciência Cognitiva da Leitura. O texto do decreto postula que a alfabetização no Brasil deverá basear-se em evidências científicas (artigo 2), a fundamentação da alfabetização respalda-se nas ciências cognitivas (artigo 3), a alfabetização deve ser concebida como instrumento de superação de vulnerabilidade social (artigo 3), é preciso garantir a centralidade do papel da família na alfabetização (artigo 3), é necessário a priorização da alfabetização no 1º ano do Ensino Fundamental (artigo 5).

Convém salientar que basear a alfabetização em evidências de pesquisas no campo das neurociências não é imposição de um método, mas a propositura de programas, orientações curriculares e práticas que podem fazer a diferença para as crianças de 6 e 7 anos de idade. Pode-se dizer que apresentar esse conhecimento baseado em evidências científicas se coloca como uma contribuição sadia para o debate e quem sabe a gradativa mudança desse conteúdo para as grades curriculares dos cursos de formação docente.

4

PESSOAS NEUROTÍPICAS E NEUROATÍPICAS: CONCEITUAÇÃO

Pessoas neurotípicas, ou típicas, são aquelas cujo desenvolvimento biológico é considerado normal, pois não possuem problemas neurobiológicos. Já as pessoas neuroatípicas, ou atípicas, segundo Souza (2017), são aquelas cujo desenvolvimento não está balizado pelos padrões de outras pessoas. Suas diferenças perpassam por transtornos de aprendizagem ou transtornos de neurodesenvolvimento. De acordo com Vygotsky (2011), o desenvolvimento atípico não está atrelado exclusivamente a limitações biológicas, pois existem ainda as limitações sociais, que são reconhecidas pelos estereótipos que inferiorizam as pessoas que possuem alguma deficiência ou transtorno. Isso ocorre porque a sociedade se impõe pela cultura, dizendo o que é e o que não é normal, e assim a pessoa atípica é atingida pelos estigmas construídos pela própria cultura.

Segundo Souza (2017), o problema é que os professores não se sentem preparados para realizar o processo de ensino e aprendizagem com crianças atípicas. Além disso, os cursos de licenciaturas não dão conta de preparar os profissionais para exercerem a função de docentes que atuem com a inclusão, falhando ao não suprir as necessidades da educação inclusiva.

A autora explicita que o maior desafio da sociedade é a escola inclusiva, no sentido de se combater os estigmas e preconceitos. Isso se deve ao fato de que, muitas vezes, a pessoa atípica é considerada incapaz. Com essa visão, as crianças que apresentam desenvolvimento atípico tendem a ser estigmatizadas e, infelizmente, como consequência, excluídas da sociedade. Segundo Goffman (2008), as práticas de estigma conduzem-nas à exclusão. Nesse sentido, quando um indivíduo é estigmatizado, ele é automaticamente excluído da sociedade por não estar nos padrões de normalidade estabelecidos socialmente.

Conforme preconiza Souza (2017, p. 8), "no universo educacional, a educação inclusiva assegura a alunos com desenvolvimento neuroatípico e neurotípico espaço para a oportunidade de aprenderem uns com os outros, oportunizando a redução de estigmas e consequentemente, da exclusão".

5

A IMPORTÂNCIA DA INCLUSÃO

A inclusão é um caminho que embora pareça distante está sendo percorrido. Prima por resultados e requer uma mudança de olhar da incapacidade para a potencialidade. Atualmente, as escolas têm gradativamente assumido o compromisso de atender pessoas com deficiências (PCDs). De acordo com Mantoan (2006, p. 36), "educação inclusiva pode ser definida como a prática da inclusão de todos independente de seu talento, deficiência, origem socioeconômica ou cultural, em escolas e salas de aula onde as necessidades desses alunos sejam satisfeitas". Portanto, pode-se afirmar que a inclusão tem como principal objetivo repensar a escola, abrindo-a para pessoas com deficiência e indo além de práticas de integração para práticas de inclusão. Assim, não basta apenas inseri-las fisicamente, mas também proporcionar adaptação metodológica e acessibilidade. Ademais, a educação inclusiva precisa fazer parte do projeto político- pedagógico escolar. Para Silva (2014, p. 15), "a inclusão também é uma prática para a cidadania. Construi-la é refazer relações e fazê-las humanas."

A perspectiva da inclusão possibilita inferir que ela se fundamenta em uma concepção interacionista que acontece por meio da interação social com os outros e isso possibilita o desenvolvimento da criança (Araújo, 2001). Por esse motivo, é importante a convivência com os outros de forma a imergir em suas culturas, viver suas histórias de maneira mútua. Para Vygotsky (2011), a interação social em seus diferentes saberes é algo que pode ser compartilhado. Dessa forma, o saber produzido culturalmente do qual faço parte pode ser internalizado e, diante de minha ação no meio social, pode tornar-se meu.

A educação inclusiva tem como primazia assegurar oportunidades aos alunos com desenvolvimento neuroatípico e neurotípico para que possam aprender mutuamente uns com os outros.

Na escola, o início do processo de inclusão requer a adoção de diferentes estratégias de ensino, ou seja, adaptações metodológicas que visem adequar os conteúdos às necessidades específicas dos alunos neuroatípicos.

O processo de inclusão gera uma visível mudança na rotina escolar, pois não se refere apenas a agir com os neuroatípicos, mas também atuar com todos os alunos da escola, além disso, estende-se ao corpo docente, à direção e à equipe pedagógica.

> O processo inclusivo é aquele que: [...] se baseia justamente no pressuposto de que se a escola oferecer um currículo flexível e vinculado aos interesses individuais e sociais dos alunos, garantir acessibilidade de locomoção e comunicação em suas dependências, e desenvolver metodologias e práticas pedagógicas que atendam às demandas individuais, todos terão condições de aprender e se desenvolver juntos (Glat; Pletsch; Fontes, 2007, p. 350).

Segundo Mantoan (2006), a inclusão gera uma mudança educacional, isso porque não se limita ao aluno com deficiência ou àqueles que têm dificuldade de aprender, pois envolve os demais, ainda que os neuroatípicos sejam aqueles que despontam mais preocupação.

Mantoan (2006) explicita que existe diferença entre incluir e integrar, e essa diferença se refere à concepção de educação. Ou seja, na integração, o aluno neuroatípico frequenta o ensino especial no ensino regular, mas não recebe nenhum tipo de atendimento educacional especializado que garanta sua permanência na escola. Nessa perspectiva, é o aluno que tem que se adaptar à escola. Na inclusão, todos têm direito de frequentar o ensino regular e, ao contrário da integração, é a escola que se organiza para atender os alunos neuroatípicos, para que se sintam aceitos e respeitados.

É possível inferir que a inclusão se tornou um conceito que visa definir igualdade e direitos humanos. Esse conceito é socialmente e academicamente aceito, ainda que não se consiga colocar em prática. A inclusão nasceu da discussão sobre deficiência e gradativamente passou a ser inserida nos movimentos contra a exclusão social celebrando a diversidade humana (Ainscow; Ferreira, 2003).

Na educação escolar, predomina a concepção de que o professor ensina o outro e o aluno é ensinado. Todavia, os processos de inclusão pressupõem a ressignificação dessa prática cristalizada no ambiente escolar. É, portanto, importante atingir a globalidade do sujeito no sentido de uma perspectiva mais contextualizada, por meio da interação entre os saberes e da interação social entre os alunos, com mediação pedagógica.

Para finalizar, é relevante dizer que a política de educação inclusiva requer também uma política de formação continuada aos professores, para que se sintam preparados e seguros na realização de suas práticas. É de suma importância o contato com conceitos científicos e a compreensão de quais são os transtornos de aprendizagem e de neurodesenvolvimento. Portanto, orienta-se aprofundar os estudos na área da inclusão para quebrar barreiras, implementar práticas inclusivas e respeitar as diversidades, garantindo, assim, a premissa democrática dada pelos direitos humanos.

5.1 RESPALDO LEGAL DA INCLUSÃO

No Brasil, a educação é um direito fundamental assegurado pela Constituição Federal de 1988. Com relação ao direito à educação especial, o artigo 208, inciso III, da Constituição Federal dispõe que "o dever do Estado com a educação será efetivado mediante a garantia de: [...] atendimento educacional especializado aos portadores de deficiência, preferencialmente na rede regular de ensino" (Brasil, 1988).

Firmado esse compromisso constitucional, a oferta da modalidade de educação especial perpassa todos os níveis e etapas de ensino, tendo como primazia a realização do atendimento especial.

Na década seguinte, em 1994, a Declaração de Salamanca foi um marco para a Educação Especial no Brasil e em diversos países. Esse documento decorre da Conferência Mundial sobre Educação Especial que aconteceu na Espanha em 1994 com o objetivo de estabelecer um conjunto de diretrizes para a formulação e reforma de políticas e sistemas educacionais inclusivos (Dupin, 2020). Destaca-se no texto da Declaração de Salamanca (Espanha, 1994) a definição de que na escola inclusiva:

> [...] todas as crianças devem aprender juntas, sempre que possível, independentemente de quaisquer dificuldades ou diferenças que elas possam ter e que o currículo deveria ser adaptado às necessidades das crianças, e não vice-versa [...] Crianças com necessidades especiais deveriam receber apoio instrucional adicional no contexto do currículo regular, e não de um currículo diferente (Espanha, 1994).

Mais tarde, em 1996, a Lei de Diretrizes e Bases da Educação Nacional 9394/1996 apresenta o capítulo V, exclusivo para a educação especial. Capítulo este que sofre algumas alterações pelas leis n. 12796/2013, n. 13234/2015 e n. 13632/2018 (Dupin, 2020).

Logo após a LDB, em 1999, foi instituída a Política Nacional para a Integração da Pessoa Portadora de Deficiência, termo que não é mais utilizado. Essa política proíbe as escolas de negarem matrícula às pessoas com deficiência e estabelece que as instituições de ensino devem oferecer estrutura, apoio e recursos. Todavia, segundo Dupin (2020), muitas determinações não foram cumpridas.

Em 2008, foi publicada a Política Nacional de Educação Especial na Perspectiva da Educação Inclusiva, elaborada por um grupo de trabalho composto por uma equipe da Secretaria de Educação Especial do MEC e alguns colaboradores. Esta Política ainda hoje é considerada um documento de referência para a Educação Especial no Brasil (Dupin, 2020).

Na sequência, em 2011, foi instaurado o Decreto nº 7.611, de 17 de novembro de 2011, que cria as Diretrizes Operacionais da Educação Especial para o Atendimento Educacional Especializado na Educação Básica. O que se destaca nessas diretrizes é que o Ministério da Educação deve prestar apoio técnico e financeiro para a adequação arquitetônica de prédios escolares.

Na continuidade do arcabouço legal, em 2015, com a publicação da Lei nº 13.146, de 6 de julho de 2015, foi instituída a Lei Brasileira de Inclusão da Pessoa com Deficiência (Estatuto da Pessoa com Deficiência). Essa lei modifica a Lei nº 7.853/1989 e determina, em seu artigo 8º.:

> [...] crime punível com reclusão de 2 (dois) a 5 (cinco) anos e multa: I - recusar, cobrar valores adicionais, suspender, procrastinar, cancelar ou fazer cessar inscrição de aluno em estabelecimento de ensino de qualquer curso ou grau, público ou privado, em razão de sua deficiência (Brasil, 2015).

Como verificado, a Constituição Federal (Brasil, 1988) estabeleceu que o Estado deve garantir o atendimento educacional especializado às pessoas com deficiência, com preferência na rede regular de ensino. Na sequência, leis, decretos e documentos normativos foram criados a fim de instaurar um arcabouço legal consistente de modo a assegurar a disposição constitucional, bem como o direito a uma educação de qualidade para os estudantes com deficiência, que precisam ser incluídos.

Os avanços legais são inegáveis, mas a prática ainda é falível. Por isso, cabe aos profissionais se apropriarem de conhecimentos nessa área para desvelarem ações transformadoras.

6

TRANSTORNOS DA APRENDIZAGEM

Na política educacional brasileira, o disposto na Constituição Federal (1988) e na Lei de Diretrizes e Bases da Educação (1996) preconiza que o início da escolarização acontece, primordialmente, aos 6 anos de idade, no Ensino Fundamental. É nessa idade que acontece o processo de alfabetização, pois a atividade neural já está madura. Todavia, ainda que a ênfase seja por meio do critério neurológico, as pesquisas contemporâneas no campo das neurociências explicitam que é de suma importância trabalhar habilidades preditoras com a finalidade de preparar a criança para os processos de alfabetização. Ademais, segundo Diaz (2011), é justamente na idade escolar que se descobrem os transtornos específicos da aprendizagem.

O Manual Diagnóstico e Estatístico de Transtornos Mentais, em sua 5ª edição (DSM-5, 2014), apresenta uma seção voltada à aprendizagem, nomeada de transtorno específico da aprendizagem. Esse tipo de transtorno se direciona ao processo de aprendizagem que persiste por, no mínimo, seis meses.

De acordo com a DSM-5:

> O transtorno específico da aprendizagem é um transtorno do neurodesenvolvimento com uma origem biológica que é a base das anormalidades no nível cognitivo as quais são associadas com as manifestações comportamentais. A origem biológica inclui uma interação de fatores genéticos, epigenéticos e ambientais que influenciam a capacidade do cérebro para perceber ou processar informações verbais ou não verbais com eficiência e exatidão (DSM-5, 2014, p. 68).

Sulkes (2022) reforça o disposto no DSM-5 (2014), ao explicitar que transtornos de aprendizagem são considerados de neurodesenvolvimento, pois se caracterizam como condições neurológicas que aparecem na infância, geralmente antes da idade escolar. Na prática, esses transtornos interferem no desenvolvimento pessoal, social e, principalmente, acadêmico e ocupacional, pois abrangem dificuldades na aquisição de habilidades cognitivas em determinadas áreas. Eles interferem nas funções executivas e/ou cognitivas e podem envolver distúrbios de atenção, memória, percepção, linguagem, solução de problemas ou interação social. Conforme o DSM-5 (2014), os transtornos específicos de aprendizagem são:

- Transtorno específico da aprendizagem com prejuízo na leitura (dislexia).
- Transtorno específico da aprendizagem com prejuízo na expressão escrita (disortografia).
- Transtorno específico da aprendizagem com prejuízo na matemática (discalculia).

Diante dos transtornos específicos da aprendizagem, é importante diferenciar de dificuldade de aprendizagem que pode se desenvolver diante de várias situações, ou seja, o baixo desempenho acadêmico pode estar relacionado a fatores externos, como experiência educacional inadequada, problema com o professor, inadaptação na escola, conflitos com os pais ou ainda problemas de saúde. Nesses casos, o problema pode ser considerado apenas uma dificuldade de aprendizagem (Rotta *et al.*, 2006). Já o transtorno específico da aprendizagem abrange aspectos da cognição com base neurodesenvolvimental, envolvendo funções cognitivas como a memorização, a percepção, a linguagem e o raciocínio, o que impacta no funcionamento neurológico.

O transtorno específico da aprendizagem é um transtorno do neurodesenvolvimento que possui origem biológica, afetando as funções cognitivas e interferindo no comportamento ligado, principalmente, à leitura e à escrita. Por isso, relaciona-se a dificuldades na fase do princípio alfabético.

6.1 TRANSTORNO ESPECÍFICO DA APRENDIZAGEM COM PREJUÍZO NA LEITURA (Dislexia)

Esse transtorno, conhecido usualmente como dislexia, se caracteriza como uma grande dificuldade na aprendizagem da leitura e escrita. Acarreta na criança dificuldade de relacionar os sons da fala com a grafia da escrita. Com isso, faz troca de letras, principalmente aquelas com grafias semelhantes, como p, b, q e d. Outro problema é a inversão nas letras que compõem as palavras e a inversão das palavras nas frases. Além disso, aglutinam-se palavras ou separam-se as sílabas de forma inadequada quando escrevem (Alves; Mousinho; Capellini, 2011).

Existem três tipos de dislexia: a visual, a auditiva ou a mista. A do tipo visual se caracteriza pela dificuldade na percepção e discriminação visual devido a um possível déficit nas magnocélulas da visão (Shaywitz, 2006). A prática pedagógica com esse tipo de dislexia requer o uso de recursos auditivos, evitando-se excesso de informações nas imagens e utilizando maior espaçamento entre as linhas.

O transtorno da aprendizagem com prejuízo na leitura do tipo auditivo provoca fragilidades em relacionar o som (fonema) com o símbolo (grafema) e tem como causa um possível déficit no processamento fonológico ou no processamento auditivo central. O trabalho pedagógico com estes alunos requer o investimento em recursos visuais e também o trabalho persistente com consciência fonológica (Seabra, 2020).

Já a dislexia mista apresenta características do tipo visual e do tipo auditivo ao mesmo tempo, significando que o trabalho pedagógico requer que ora prime por recursos visuais, ora recursos auditivos (Ianhez; Nico, 2002).

> A dislexia é caracterizada por dificuldades na correção e/ou fluência na leitura de palavras e por baixa competência leitora e ortográfica. Estas dificuldades resultam tipicamente de um déficit no componente fonológico da linguagem que é

frequentemente imprevisto em relação a outras capacidades cognitivas e às condições educativas. Secundariamente podem surgir dificuldades de compreensão leitora, experiência de leitura reduzida que podem impedir o desenvolvimento do vocabulário e dos conhecimentos gerais (Teles, 2009, p. 25).

Geralmente, a dislexia é diagnosticada na idade escolar, nos primeiros anos de escolarização, pois é quando acontece o processo de alfabetização. De modo geral, os sintomas da dislexia abrangem a soletração, a relação grafofonêmica, a falta de fluidez na leitura, a inversão de letras e sílabas, a inversão de palavras, as tentativas de adivinhar letras e palavras (Diaz, 2011).

Capovilla e outros (2004, p. 55) salientam que a dislexia pode ser modulada por múltiplas causas, dentre elas uma lesão cerebral específica, ou pode ser uma dislexia de desenvolvimento, na qual não há uma lesão evidente e a dificuldade surge no ato da aprendizagem da leitura.

6.2 TRANSTORNO ESPECÍFICO DA APRENDIZAGEM COM PREJUÍZO NA EXPRESSÃO ESCRITA (Disortografia e disgrafia)

O transtorno específico da aprendizagem com prejuízo na expressão escrita pode gerar insucesso escolar se não identificado e trabalhado por meio de recursos pedagógicos. O conceito de insucesso expressa a incapacidade de aprendizagem que se repete dia após dia. Ademais, de acordo com o DSM-5 (2014), o transtorno específico da aprendizagem pode ocorrer em indivíduos identificados como talentosos e prejudicar determinada área de desenvolvimento.

Segundo o Instituto Neurosaber (2021), a disortografia se caracteriza como um transtorno de escrita. A produção textual de pessoas com esse transtorno é acometida por erros que se repetem. No entanto, isso não tem relação com a capacidade intelectual. É um transtorno que incide especialmente na escrita gramatical.

Dentre os principais erros, destacam-se a omissão de palavras, a substituição de sílabas, as trocas de fonemas e, também, a aplicação inadequada de regras gramaticais. "Etimologicamente, disortografia deriva dos conceitos "dis", (desvio) + orto, (correto) + grafia (escrita) ou seja, é uma dificuldade manifestada por um conjunto de erros da escrita que afetam a palavra, mas não o seu traçado ou grafia" (Coelho, 2021, p. 9).

Geralmente, crianças que possuem disortografia têm desinteresse pela escrita. Além disso, seus textos tendem a ser reduzidos, cheios de erros e com pontuação inadequada. Para Torres e Fernández (2001), duas áreas se destacam na reeducação da disortografia: a intervenção sobre o fracasso ortográfico e a correção dos erros ortográficos. Sobre a intervenção, é preciso trabalhar percepção, discriminação, memória auditiva e memória visual. Além desses aspectos, é relevante o trabalho com a percepção linguístico-auditiva por meio de exercícios de consciência fonológica, sílabas, soletração, formação de famílias de palavras e análise de frases. Segundo os autores, outro aspecto que precisa ser trabalhado são exercícios que enriqueçam o léxico e o vocabulário da criança. No que se refere à intervenção sobre os erros ortográficos, é necessário atentar-se aos erros de substituição de um fonema por outro ou por letras semelhantes, bem como às omissões, inversões, separações, diferenciações de sílabas e ao uso de letras minúsculas ou maiúsculas.

Numa perspectiva mais geral, a principal característica de uma criança com disortografia é a incidência de erros ortográficos de conteúdos que perpassam as regras da ortografia. Por outro lado, é importante diferenciar erros ortográficos de falhas na compreensão, que, consequentemente, geram dificuldades na elaboração de respostas. Por isso, no momento da avaliação, é necessário dar mais tempo para obter as respostas e verificar se os enunciados foram compreendidos.

Outro ponto a destacar é a distinção que precisa ser feita entre disortografia, disgrafia e dislexia.

A dislexia caracteriza-se por dificuldades que agem na fluência da leitura de palavras, reduzindo a competência de leitura e ortografia. Essas dificuldades acabam por resultar em um déficit no componente fonológico no campo da linguagem e, concomitante, geram problemas de compreensão leitora e agem na escrita, além de impedirem o desenvolvimento do vocabulário e dos conhecimentos gerais (Teles, 2009). A dislexia tem origem neurobiológica e afeta a aprendizagem instrumental da leitura, gerando problemas correlatos à consciência fonológica, mas que não afetam o quociente de inteligência da criança.

Há autores que analisam a dislexia e a disortografia em conjunto, pois entendem que a dificuldade de leitura revela também problemas correlatos à escrita, balizados por graves erros ortográficos (disortografia). O que é importante aos profissionais da educação é identificar as características geradoras de cada transtorno, para buscar as ferramentas corretas de intervenção.

A disgrafia caracteriza-se pelo desvio, ou seja, dificuldade de grafar as palavras, resultando em letras grandes, ilegíveis, traçado grosso e exagerado, grafismo trêmulo, erros e borrões, escrita lenta ou rápida demais, espaçamento irregular, desorganização na folha (Coelho, 2021).

No que concerne a disgrafia, Cinel (2003) explica que existem algumas causas que podem justificar esse transtorno, ou seja, distúrbios na motricidade ampla e fina, distúrbios na coordenação visomotora e dificuldade de organização temporo-espacial, como direita e esquerda, antes e depois, entre outras consignas. Além disso, são observáveis problemas relacionados à lateralidade.

Como visto, em resumo, a disortografia é um problema correlato a um desvio na ortografia, enquanto que a disgrafia se refere a uma grave dificuldade no traçado das palavras (forma de escrever e tipo de letra). E, por outro lado, a dislexia se refere a problemas na leitura de palavras.

A figura a seguir mostra as distinções entre disortografia e disgrafia na escrita.

Figura 2 – Disortografia

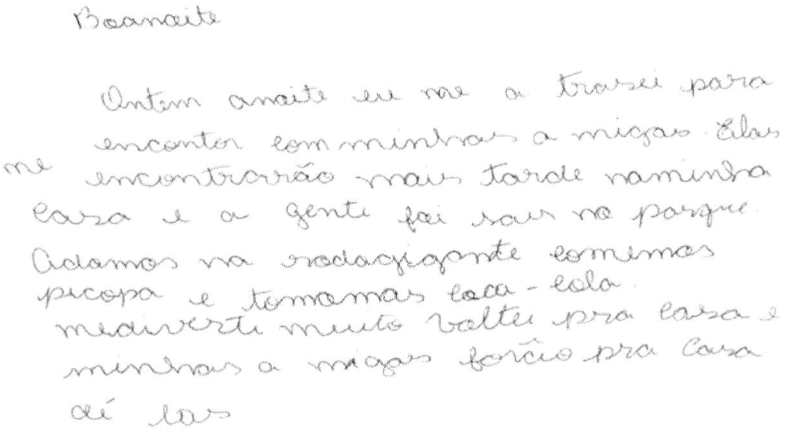

[manuscrito]

Ontem anoite eu me a trasei para encontar com minhas a migas. Elas me encontrarão mais tarde naminha casa e a gente foi sair no parque. Adamos na roda-gigante comemos pipoca e tomamos coca-cola. Mediverti muito voltei pra casa e minhas amigas forão pra casa aí las.

Fonte: Disponível em: https://www.passeidireto.com/arquivo/120908743/disortografia. Acesso em: 27 abr. 2024

Figura 3 – Disgrafia

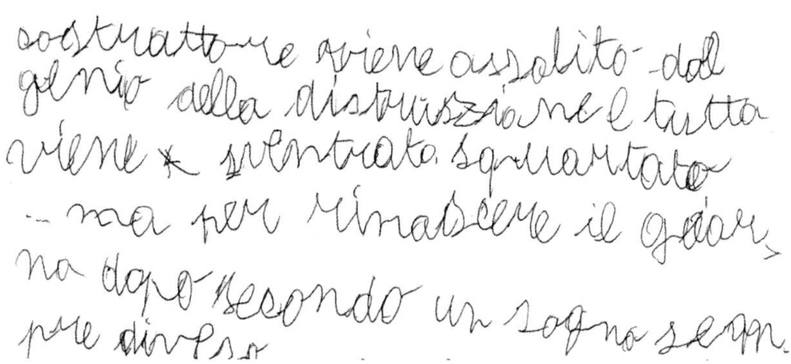

[manuscrito]

Fonte: Disponível em: https://profjacbagis.wordpress.com/2018/02/25/disgrafia-o-que-e/. Acesso em: 27 abr. 2024

6.3 TRANSTORNO ESPECÍFICO DA APRENDIZAGEM COM PREJUÍZO NA MATEMÁTICA (Discalculia)

De acordo com Seabra (2020), a criança com transtorno específico da aprendizagem com prejuízo na matemática (discalculia) pode apresentar dificuldades com números, representação de quantidades, comparações e operações numéricas. Limita-se em reconhecer padrões numéricos, inverte a posição dos números e ainda tem dificuldades em compreender questões escritas, confundindo símbolos e algoritmos. Também tem problema nas funções executivas, como a memória, por exemplo, memória de trabalho (curto prazo), com dificuldade para lembrar-se dos números com os quais está trabalhando, bem como dos problemas matemáticos e sequências numéricas. "Discalculia é definido como uma desordem neurológica específica que afeta a habilidade de uma pessoa de compreender e manipular números. A discalculia pode ser causada por um déficit de percepção visual." (Custódio; Pereira, 2013)

Hudson (2019) sugere várias práticas pedagógicas para o atendimento do estudante com discalculia, a saber: utilizar instruções breves e claras, evitar frases prolixas e não apresentar muitos exemplos de uma única vez. Em vez disso, recomenda-se enfatizar um mesmo exemplo como referência. Usar folhas coloridas e, no material impresso, evitar muitas atividades na mesma folha. Sugere-se ainda fazer uso de cores e desenhos para ajudar no processamento visual e na memória de trabalho. Também sugere-se trabalhar as regras aritméticas por meio de canções para ajudar na memorização.

Esse transtorno revela problemas de aprendizagem na matemática, pois muitos alunos não compreendem o enunciado de problemas ou então demoram muito tempo para realizar operações de somar, dividir, subtrair ou multiplicar. O desenvolvimento neurológico desses alunos tem certo comprometimento que afeta a habilidade de compreender e manipular números (Cardoso Filho, 2007).

Convém ressaltar que, muitas vezes, esse problema é tratado como preguiça ou desinteresse. Por isso, cabe um olhar atencioso para evitar confusões e garantir um plano de aprendizagem adequado.

O termo discalculia geralmente é empregado para explicar a falta de habilidade em executar operações matemáticas e também pela dificuldade de conceituar números numa conceituação mais abstrata, abrangendo quantidades comparativas. A discalculia também impede a compreensão espaço-temporal e causa limitações na memória para reter somas numéricas ou agrupamentos.

Ainda que o laudo diagnóstico seja relevante para que o professor identifique o problema e desenvolva práticas de adequação metodológica, convém evidenciar que a matemática deve ser ensinada com jogos e materiais concretos a todas as crianças, independentemente de serem neurotípicas ou neuroatípicas.

7

TRANSTORNOS DO NEURODESENVOLVIMENTO

De acordo com Pedro (2017), os transtornos do neurodesenvolvimento resultam de desenvolvimento ou maturação deficiente do sistema nervoso central. Podem ser implicados por fatores genéticos e/ou ambientais. As causas por serem complexas, nem sempre são identificadas, pois geralmente são multifatoriais. Pessoas com esses transtornos podem apresentar déficits em diversas áreas, incluindo: função sensorial, função motora, aprendizado, memória, funções executivas, habilidade social, emoção e ansiedade. Esses transtornos afetam o sistema nervoso e geram profundo impacto na vida das pessoas.

Como consequência neurológica, os transtornos do neurodesenvolvimento alteram o desenvolvimento do sistema nervoso central e interferem no funcionamento cognitivo, nas emoções e no comportamento. O tratamento dos transtornos do neurodesenvolvimento perpassa significativos desafios devido, muitas vezes, à falta de recursos adaptados e à dificuldade de se articular o trabalho com uma equipe multiprofissional. Outro ponto desafiador diz respeito à garantia dos processos de inclusão escolar (Alvarenga *et al.*, 2023).

Os principais transtornos do neurodesenvolvimento são:

1. Transtorno de desenvolvimento intelectual (Deficiência Intelectual).
2. Transtornos de comunicação.
3. Transtorno do espectro autista (TEA).
4. Transtorno do déficit de atenção/hiperatividade (TDAH).

5. Transtornos específicos da aprendizagem.
6. Transtornos motores.

De acordo com Alvarenga *et al.* (2023), é importante avaliar o perfil de pessoas com transtornos do neurodesenvolvimento para, a partir disso, propor um planejamento mais efetivo, visando atingir tarefas cotidianas, ações comportamentais e funções cognitivas.

A criança com transtorno do neurodesenvolvimento precisa ser munida de cuidados, mas infelizmente muitas vezes sofre em ambientes adversos. O meio exerce bastante influência no desenvolvimento biopsicossocial.

> O ser humano tende a uma alta plasticidade na capacidade de ser influenciado pelo meio em que seu crescimento é administrado. E para que isso ocorra da maneira mais adequada requer ausência no prejuízo na tomada de decisão, planejamento, organização e ações contínuas dos adultos cuidadores da criança. Se pensarmos de maneira metafórica é uma "pirâmide" de cima para baixo onde se produz o adoecimento por vezes neuroquímico e não necessariamente do neurodesenvolvimento e sim neuropsiquiátrico (Haase, 2022, p. 18).

A avaliação desses transtornos é um fator bastante delicado, pois requer todo um acompanhamento clínico e, de preferência, multiprofissional. Mas, o que infelizmente costuma ocorrer, é um diagnóstico aligeirado, visando apenas à entrega de laudos para validar o transtorno.

7.1 TRANSTORNO DO DESENVOLVIMENTO INTELECTUAL (Deficiência intelectual)

Até o século XVIII a deficiência intelectual era concebida como doença mental e tratada de forma institucionalizada em locais distantes das famílias. Nessas instituições, as pessoas com deficiência ficavam isoladas da sociedade, sem amparo familiar. Foi a partir do século XIX que se começou gradativamente a valorizar as potencialidades da pessoa com deficiência, sendo na Europa as primeiras intervenções educacionais. Ademais, antes disso, ao longo da história, o deficiente intelectual era tratado e conceituado como idiota, imbecil, débil mental, oligofrênico, excepcional, retardado, deficiente mental, entre outros. As mudanças foram ocorrendo de forma gradativa até chegar na perspectiva contemporânea de inclusão social e educacional (Garchetti; Medeiros; Nuenberg, 2013).

O aluno com deficiência intelectual tem potencial para se beneficiar de mediações sociais que se efetivam por meio de relações sociais e interpessoais que se estabelecem no espaço escolar, ainda que marcadas por contradições e inseguranças dos docentes na prática pedagógica (Gomes, 2010).

O desenvolvimento e a aprendizagem de alunos com deficiência intelectual implicam na necessidade de ação pedagógica voltada para esses alunos, na busca de estratégias que indiquem a possibilidade de reorganizar conteúdos curriculares de modo a favorecer o processo de ensino-aprendizagem. Para esse processo, na perspectiva da escola inclusiva, sugere-se a elaboração de um plano de atendimento educacional especializado. Esse plano prevê a organização de atividades que devem ser realizadas com o aluno em diversos espaços, ou seja, na sala de aula, no recreio, na hora da entrada e na sala de recursos multifuncionais. Para que o plano seja efetivo, é preciso que haja articulação entre o professor da turma regular, o professor de sala de recursos e equipe pedagógica. Ademais, esse acompanhamento requer avaliação e monitoramento, com alterações realizadas sempre que necessárias.

Na prática, pessoas com deficiência intelectual não fazem uso adequado das funções cognitivas que possibilitem antever suas ações. Elas precisam da ajuda docente para organizar seu pensamento e planejar suas ações passo a passo, visando atingir seus objetivos e isso vale para diversas ações, a exemplo, a realização de um trabalho escolar, a procura de alguém no ambiente escolar para dar um recado, o estabelecimento de um diálogo com um colega (Gomes, 2010).

Percebe-se uma dificuldade de memória para evocação de situações do dia a dia, pois a interiorização da realidade em pessoas com deficiência intelectual se difere de crianças neurotípicas. Por isso, é importante estimular esquemas cognitivos e linguísticos, visando instrumentar a criança para exercer funções sociais com significação e atitude.

O problema é que algumas escolas não estão preparadas para realizar um trabalho didático pedagógico com crianças que possuem deficiência intelectual.

Segundo Matos (2023), a pedagogia que não tem condições de levar em consideração as diferenças dos alunos não está preparada e também não considera as diferenças de ritmos, interesses e estilos de aprendizagem. Nessa perspectiva, em vez de promover o bem-estar do aluno, nega seu desenvolvimento e sua aprendizagem. Com esse olhar estigmatizante, nega o que está garantido na Constituição Federal de 1988, ou seja, o direito à educação, à inclusão e à apropriação dos bens culturais construídos pela humanidade e registrado por meio de conteúdos escolares.

É importante considerar os aspectos socioafetivos da criança que possui deficiência intelectual, pois essa criança pode apresentar dificuldades no plano afetivo devido à forma como construiu a imagem de si mesma. Essa criança possui dificuldade de interpretar atitudes e comportamentos correlatos a relação entre si mesma e o outro. Com isso, apresenta uma baixa autoestima que pode interferir na motivação dessa criança que apresenta deficiência intelectual justamente num período em que está no processo ensino aprendizagem no espaço escolar (Gomes, 2010).

É importante frisar que, no DSM-5, o conceito de retardo mental foi substituído por deficiência intelectual ou transtorno do desenvolvimento intelectual, que pode ser caracterizado pelos níveis leve, moderado, grave ou profundo. O documento explicita que a deficiência intelectual é um transtorno do neurodesenvolvimento que apresenta, como características essenciais, déficits em capacidades mentais genéricas e também prejuízo na função adaptativa em atividades diárias, quando na comparação com indivíduos da mesma idade, gênero e aspectos socioculturais similares.

Em suma, a pessoa com deficiência intelectual apresenta baixo nível cognitivo, identificado nos espaços escolares, mas também dificuldades relevantes nas atividades da vida diária, como, por exemplo, o autocuidado, a segurança, a comunicação e a socialização.

Na perspectiva de se garantir a inclusão escolar de pessoas com deficiência intelectual ou outros transtornos do neurodesenvolvimento, pode-se afirmar que tal prática ainda é um desafio. Segundo Garghetti *et al.* (2013), somente haverá inclusão educacional quando a sociedade também for inclusiva.

7.2 TRANSTORNO DO ESPECTRO AUTISTA (TEA)

Segundo Almeida *et al.* (2018), o transtorno do espectro autista (TEA) caracteriza-se por ser um dos transtornos do neurodesenvolvimento, cuja prevalência se dá na infância. Abrange o comprometimento de dois domínios centrais: déficits na comunicação social e interação social; e padrões repetitivos e restritos de comportamento, interesses ou atividades.

No TEA, a interação social acontece de forma atípica, com pouca resposta do outro, devido à fragilidade dessa interação. Nesse transtorno, ocorre dificuldade no contato visual e na aproximação com o outro, visando iniciar ou manter diálogos. "Em determinadas situações sociais, como no recreio escolar ou no refeitório, é um desafio manter a reciprocidade e há uma dificuldade em entender as regras sociais e interpretá-las" (Almeida *et al.*, 2018, p. 20). Uma das facetas do TEA é o déficit na comunicação não verbal, que pode variar desde a falta de expressão facial até a inexistência da integração da comunicação gestual (como contato visual, sorriso, apontar, acenar com a cabeça, mandar beijo, dar de ombros) e a comunicação verbal.

Outra faceta muito perceptível no TEA é o hiperfoco, ou seja, excessivo interesse por um determinado assunto, o que lhe motiva muitas vezes a repetir um diálogo centrado no hiperfoco, independentemente do interesse do interlocutor. Outro aspecto a considerar no TEA é a hipersensibilidade auditiva, visual ou tátil, o que requer atenção dos professores ao realizar as atividades, evitando estímulos excessivos nessas áreas.

Uma importante dica de trabalho com o TEA é delimitar as rotinas diárias, utilizando materiais coloridos com figuras bem visíveis. Além das rotinas, as orientações verbais precisam ser claras e concisas. Os conceitos devem ser repetidos sempre que necessário, sem o uso de figuras de linguagem ou metáforas. Recomenda-se, ainda, utilizar figuras, principalmente se estiver lidando com autista não verbal ou mutismo seletivo. Sugere-se ainda que se evite excesso de estímulos sonoros ou visuais e observar o conforto das roupas que a criança com TEA estiver usando, pois se sente incomodada com etiquetas de roupas ou certos tipos de tecido.

É importante que os profissionais que atuam na escola conheçam os sinais de alerta que levam à suspeita do TEA, a fim de orientar os pais a procurarem um diagnóstico. Diante das demandas da escola pública, caso não se tenha laudo, a atenção dos profissionais quanto aos sinais já é suficiente para que coordenem intervenções precoces e trabalho interdisciplinar, contribuindo para o desenvolvimento da criança. Ressalta-se que o diagnóstico é, sim, de suma importância. Contudo, na atual conjuntura, muitas vezes os pais não conseguem respaldo de neurologistas, psiquiatras ou neuropsicólogos. Ademais, na rede pública de ensino, os encaminhamentos para centros especializados demoram. Assim, cabe à equipe da escola fazer as adaptações metodológicas necessárias, mesmo sem diagnóstico.

7.3 TRANSTORNO DE DÉFICIT DE ATENÇÃO E HIPERATIVIDADE (TDAH)

Segundo a Associação Brasileira do Déficit de Atenção (ABDA), o TDAH é um transtorno neurobiológico de causas genéticas, cujo aparecimento se dá na infância e se caracteriza por sintomas de desatenção, inquietude e impulsividade, que na fase adulta tendem a diminuir (Rohde, 2000).

Segundo Seabra (2020), o TDAH é um desafio para os profissionais devido à dificuldade de se fechar o diagnóstico, pois muitos comportamentos se assemelham a outros tipos de transtornos ou distúrbios, além de controvérsias. É um transtorno que se caracteriza por comportamentos inadequados, impulsivos e hiperativos associados à dificuldade de manter a atenção e a concentração. Embora não esteja diretamente ligado a distúrbios de aprendizagem, o TDAH interfere no processo de ensino-aprendizagem devido à desatenção e ao comportamento agitado.

Quanto à prática pedagógica, Hudson (2019) sugere: iniciar as aulas sempre da mesma forma, visando demonstrar segurança ao aluno com TDAH; transmitir informações de maneira clara e concisa, de preferência em partes, num passo a passo; deixar evidente quais atividades serão realizadas ao longo do dia, de preferência por meio de registro escrito ou ilustrado; utilizar abordagens multissensoriais para que o aluno possa exercitar sua criatividade; ter flexibilidade com o tempo e o comportamento da criança, observando seu estado de espírito; deixar bem claras as regras da sala de aula e relembrá-las sempre que necessário, mas sem uso de coerção; permitir que o aluno com TDAH sente-se na frente, perto do professor; e possibilitar a movimentação em certos momentos durante a aula, mas não com frequência. Além dessas sugestões, é importante propor atividades extraclasse para o aluno e, se possível, incentivar a prática de esportes, dança, arte ou outra atividade pela qual a criança possa se interessar. Com esses cuidados, é possível propiciar a atenção da criança de forma mais efetiva.

8

ALFABETIZAÇÃO E LETRAMENTO

Alfabetização e letramento são conceitos que passaram a fazer parte do discurso pedagógico no Brasil desde a década de 1980. Segundo Soares (2003), alguns equívocos teóricos e conceituais agravaram, de forma negativa, o entendimento tanto de alfabetização, quanto de letramento. Por considerar relevante as reflexões de Magda Soares a esse respeito, verificou-se a importância de tecer considerações neste livro, que trata tal temática com seriedade e rigor teórico.

Segundo Soares (2004), letramento é uma palavra que surgiu em virtude da necessidade de se ter algum conceito que pudesse nomear comportamentos e práticas sociais no campo da leitura e da escrita, para além do domínio alfabético. Alfabetização e letramento devem ser vistos como práticas indissociáveis, todavia, é preciso reconhecer suas distinções, ou seja, de forma direta e objetiva a alfabetização requer a utilização do código grafofonêmico e ao domínio dos processos de codificação e decodificação, enquanto o letramento é "entendido como o desenvolvimento de comportamentos e habilidades de uso competente da leitura e da escrita em práticas sociais" (Soares, 2004, p. 97).

Ainda que a alfabetização tenha sua especificidade por meio da faceta linguística (fônica), é relevante salientar que não se pode descaracterizar a relação de interdependência entre alfabetização e letramento,

> [...] a alfabetização desenvolve-se no contexto de e por meio de práticas sociais de leitura e de escrita, isto é, através de atividades de letramento, e este, por sua vez, só se pode desenvolver no contexto da

e por meio da aprendizagem das relações fonema–grafema, isto é, em dependência da alfabetização (Soares, 2003, p. 14).

Para que se opere essa indissociabilidade, é preciso garantir a articulação entre as várias facetas da alfabetização e do letramento. Sem isso, a prática de ambos se torna fragilizada e equivocada.

De acordo com a autora, nas últimas duas décadas, tem se identificado o que ela chama de apagamento da alfabetização, pelo que denomina de "desinvenção da alfabetização".

Soares (2003, p. 25) é contundente ao afirmar que "o neologismo desinvenção pretende nomear a progressiva perda de especificidade do processo de alfabetização que parece vir ocorrendo na escola brasileira ao longo das duas últimas décadas".

Essa perda de especificidade da alfabetização tem gerado baixos níveis de aprendizagem, os quais denunciam o fracasso da alfabetização nas escolas brasileiras, revelado por meio de avaliações estaduais, nacionais e internacionais. Verifica-se, ainda, altos índices de precário desempenho em provas de leitura, bem como alunos semialfabetizados depois de quatro a oito anos de escolarização. Soares (2003) nomeia algumas hipóteses para tal problema.

Acende um primeiro ponto, a saber: antes, o fracasso na alfabetização era criticado pela excessiva especificidade atribuída à faceta linguística com foco exclusivo na decodificação e na relação grafofonêmica, chamada de tradicional. Atualmente, vivemos uma reversão do princípio linguístico, com foco exclusivo no texto e na faceta sociocultural. Diante dessa inversão de papéis, apagou-se a necessária especificidade de todo o processo de alfabetização. Essa mudança conceitual, correlata à aprendizagem da língua escrita, disseminou-se no Brasil a partir de meados da década de 1980.

Um segundo ponto identificado diz respeito ao hegemônico discurso do paradigma cognitivista no Brasil, inicialmente denominado de construtivismo e, depois, socioconstrutivismo. Essa teoria chegou ao Brasil por meio das pesquisas e estudos sobre a psicogênese da língua escrita, divulgados por Emília Ferreiro.

Soares (2003) argumenta que essa teoria alterou profundamente a concepção de como se dá o processo de construção da língua escrita. Afirma ainda que ela critica as práticas ditas tradicionais e propõe uma desmetodização dos processos de alfabetização.

Soares (2003) é categórica ao afirmar que o preceito cognitivista, apesar de contribuições teóricas, "conduziu a alguns equívocos e a falsas inferências, que podem explicar a desinvenção da alfabetização, de que se fala neste tópico" (Soares, 2003, p. 11). Isso porque, primeiramente, passou a se subestimar o princípio alfabético e a construção do sistema de escrita dada pela faceta linguística (fonética e fonológica). Em segundo lugar, houve uma contaminação do conceito de método de alfabetização, pelo entendimento de que ao se falar de método seja equivalente a tratar-se de métodos tradicionais — como se os métodos esgotassem todas as alternativas metodológicas.

Um terceiro equívoco refere-se ao falso pressuposto de que a criança aprende somente na relação com textos escritos que circulam na prática social.

Os três equívocos supramencionados obscurecem a possibilidade de articulação entre as facetas da alfabetização e letramento, ou seja, dentre outras destacam-se a faceta linguística, a interativa e a sociocultural (Soares, 2016). Dessas, a faceta linguística refere-se a princípios fonéticos e fonológicos e volta-se a especificidade da alfabetização.

> A dimensão do linguístico não é a mesma em todas as facetas, de modo que o adjetivo foi reservado para aquela faceta em que essa dimensão predomina: a dimensão do processo de aprendizagem inicial da língua escrita que se volta para a fixação da fala em representação gráfica, transformando a língua sonora – do falar e do ouvir – em língua visível – do escrever e do ler. Esse processo de representação da cadeia sonora da fala na forma gráfica da escrita constitui uma tecnologia que envolve a aprendizagem do sistema alfabético-ortográfico e das convenções que governam o uso desse sistema (Soares, 2016, p. 37-38).

A faceta interativa refere-se ao uso interativo da língua escrita e a forma como se dá a interação, para que haja a compreensão dos textos. Essa faceta não foca na dimensão linguística, mas na relação com os textos que circulam na prática social.

A faceta sociocultural diz respeito aos usos e funções da língua escrita em diferentes contextos sociais e culturais, para que se estabeleça a prática de letramento.

Convém salientar que a primeira faceta, a linguística, pressupõe a especificidade da alfabetização, enquanto as facetas interativa e sociocultural privilegiam o letramento.

Para se garantir a reinvenção da alfabetização, a faceta linguística é imprescindível, mas insuficiente, pois a garantia da indissociabilidade entre alfabetização e letramento implica na articulação das três facetas. Se isso não ocorrer, como diz Soares (2004), é um descaminho. "Descaminhos serão tentativas de voltar a privilegiar esta ou aquela faceta, como se fez no passado, como se faz hoje, sempre resultando em fracasso, esse reiterado fracasso da escola brasileira em dar às crianças acesso efetivo e competente ao mundo da escrita." (Soares, 2004, p. 100)

Nesse processo, precisamos encontrar caminhos que possibilitem a redescoberta da alfabetização e garantir que o letramento não seja entendido como substituto da alfabetização. Um conceito não pode obscurecer o outro. Não é possível permitir o desprestígio dos métodos de alfabetização. As facetas precisam se movimentar de forma articulada.

A BNCC também defende o letramento:

> O letramento é condição para a alfabetização, para o domínio das correspondências entre grafemas e fonemas, mas a alfabetização e a exploração sistemática dessas relações grafofonêmicas são também condição para o letramento (Brasil, 2018, p. 69).

Por isso, neste livro, defendemos alfabetização e letramento, com atenção à faceta linguística e às abordagens fonológicas e fônicas. Também, acreditamos na faceta interativa, por meio da contação de histórias de literatura infantil, visando o incentivo à ampliação do vocabulário e à compreensão de textos. Também valorizamos a faceta sociocultural, explorada por meio de textos que circulam na prática social e da utilização desses materiais na execução de diversas atividades.

9

MÉTODOS E ABORDAGENS METODOLÓGICAS DA ALFABETIZAÇÃO

Existem dois grupos de métodos de alfabetização, os *sintéticos* que priorizam a leitura na letra como símbolo da escrita, e os *analíticos ou globais*, que partem da leitura de palavras, frases ou histórias. Essa classificação leva em consideração, tanto elementos linguísticos, como cognitivos. Os métodos sintéticos respaldam-se na natureza alfabética da língua portuguesa, ou seja, na aprendizagem das letras, sílabas e relação grafofonêmica sendo que a ênfase é o domínio da leitura em detrimento da escrita. Essa classe de métodos abrange o método alfabético, fônico e o silábico (Braslavsky, 1971).

Um dos métodos sintéticos mais disseminados no Brasil é o método alfabético, que foca na construção gráfica do desenho da letra na ordem alfabética e na soletração. Um exemplo desse método foi o uso da cartilha *Caminho Suave*, publicada em 1948 e amplamente utilizada no país.

Outro método sintético é o silábico, que parte da junção de consoantes e vogais. Essa abordagem prioriza o ensino das sílabas para a alfabetização; por exemplo, trabalha relações como B+A= BA e assim sucessivamente. Não faz relação entre grafemas e fonemas, mas foca nas letras e suas junções. Em terceiro lugar, ainda pouco difundido no Brasil, temos o método fônico, que começou a ser estudado nos campos das neurociências na década de 1970, em Minas Gerais. Segundo Capovilla e Capovilla (2005), o método fônico é um método de alfabetização que prioriza o ensino dos sons das letras e, em seguida, constrói a mistura desses sons para alcançar a pronúncia completa da palavra.

Os métodos analíticos partem de palavras, frases ou textos. Nesse conjunto de métodos, se insere a palavração, que trabalha a partir das partes das palavras, a sentenciação, que utiliza fragmentos de frases, e o método global, que tem como premissa textos extraídos do contexto social da criança. Os métodos analíticos primam pelo significado das palavras e frases (semântica) e dão ênfase ao texto, em detrimento do valor sonoro.

Esse método surgiu com o movimento escolanovista no Brasil, no início do século XX, e se reafirmou com as pesquisas construtivistas da psicogênese da língua escrita na década de 1980 de Ferreiro e Teberosky (1986).

Na década de 1980, novas concepções pedagógicas adentraram a esfera dos debates pedagógicos no Brasil. Essas novas ideias advêm das discussões acerca do fracasso escolar e do elevado índice de reprovação e evasão, que acompanhou a inserção da população na escola pública vindas com o processo de redemocratização da escola.

Nesse período, surge a teoria construtivista de Emília Ferreiro e Ana Teberosky, que provoca a revisão dos métodos sintéticos até então utilizados. Ambas sugerem uma desmetodização e a abolição do uso de cartilhas, uma vez que o ideal seria pensar uma "revolução conceitual" que valorizasse a psicogênese da língua escrita.

De acordo com Alexandroff (2013), os estudos de Ferreiro e Teberosky trouxeram avanços para o entendimento de como acontece a apropriação da língua escrita pela criança. Na prática, muitas escolas passaram a utilizar as hipóteses da escrita como sondagem para conhecer a fase em que a criança se encontra. O problema desse uso exacerbado é que a sondagem inicia o processo pela escrita, enquanto os estudos neurocientíficos comprovam que a alfabetização inicia pela leitura. A rota motora da escrita é a última a ser ensinada. Outro problema correlato ao construtivismo diz respeito à interpretação equivocada da teoria, que foi compreendida como método. Assim, em muitos casos, práticas falíveis foram incluídas na grade curricular das escolas, o que deturpou, em parte, o valor da pesquisa, que se constitui como teoria, e não como método.

Ainda em 1980, Magda Soares traz ao palco pedagógico o debate sobre letramento. Conforme a autora, a alfabetização deve ser compreendida como a aquisição do sistema convencional de escrita e, portanto, distingue-se de letramento, que se refere ao desenvolvimento de comportamentos e habilidades para o uso competente da leitura e da escrita nas práticas sociais. Por outro lado, alfabetização e letramento são interdependentes e indissociáveis, pois as práticas sociais de letramento se consolidam no processo de alfabetização.

A Base Nacional Comum Curricular (Brasil, 2018) concebe diferentes linguagens dentre elas a Língua Portuguesa, a qual tem como foco o letramento.

> Tal proposta assume a centralidade do texto como unidade de trabalho e as perspectivas enunciativo-discursivas na abordagem, de forma a sempre relacionar os textos a seus contextos de produção e o desenvolvimento de habilidades ao uso significativo da linguagem em atividades de leitura, escuta e produção de textos em várias mídias e semioses (Brasil, 2018, p. 67).

Soares (2004) incute a consigna *"alfaletrar"*, que significa alfabetizar letrando, a partir da articulação entre abordagens metodológicas que ela chama de facetas. Essas facetas incluem: a faceta linguística (relação grafofonêmica), a faceta sociocultural (significado a partir do contexto social) e a faceta interativa.

Para essa autora, é um descaminho privilegiar exclusivamente uma das facetas em detrimento das demais. Soares explicita que além da faceta linguística:

> As duas outras facetas implicam outros objetos de conhecimento que vão além do linguístico: na *faceta interativa*, o objeto de conhecimento é o uso da língua escrita para a interação – a compreensão e a produção de textos, o que envolve, para além da dimensão linguística, elementos textuais e pragmáticos, não exclusivamente linguísticos; na *faceta*

sociocultural, o objeto do conhecimento são os usos e as funções da língua escrita em diferentes contextos sociais e culturais e em diferentes eventos de letramento, estando presentes, portanto, inúmeros elementos não linguísticos (Soares, 2016, p. 38).

Esse é o diferencial de Magda Soares, pois ela abre mão de criticar os métodos. Ela reconhece o valor de cada grupo de métodos (sintéticos e analíticos) e entende que o processo de alfabetização deve valorizar todos eles, desde que trabalhados de forma articulada.

Em resumo, trata-se dos métodos sintéticos (alfabético, fônico e silábico) e dos métodos analíticos (palavração, sentenciação e global), que partem da palavra, da frase ou do texto. Diante disso, Ferreiro e Teberosky (1986) incentivaram a uma desmetodização, e outros autores adeptos ao construtivismo descartam os métodos sintéticos, intitulando-os como tradicionais. Magda Soares, uma autora de renome nacional e internacional, não faz essas distinções e, além disso, critica os estereótipos associados aos métodos de alfabetização.

Concordando com a autora, esta pesquisa no campo da alfabetização acata o método sintético e também a abordagem de letramento. Propõe uma sequência metodológica que contempla as três facetas no processo inicial de alfabetização, com ênfase na abordagem fonológica e fônica. Além disso, essas abordagens estão respaldadas por pesquisas científicas, incluindo os estudos do pesquisador Stanislas Dehaene (2012).

Segundo Dehaene (2012), nosso cérebro aprendeu a ler a partir de um processo de reciclagem e reorganização dos neurônios. Isso significa que os neurônios usados na leitura hoje eram empregados em outros tipos de tarefas nos primórdios da humanidade. A escrita é uma invenção cultural e, portanto, não nascemos habilitados a aprender ler e escrever naturalmente, é preciso que sejamos alfabetizados. Nosso cérebro, ainda com características de primatas, não teve tempo suficiente para evoluir e se adaptar plenamente ao ato de ler.

O autor enfatiza que as conquistas recentes de nossos conhecimentos sobre como se aprende a ler abrem perspectivas vultuosas em dois caminhos: o neurocultural e o biológico.

Os autores que estudam os processos de aprendizagem com respaldo nas neurociências unilateralmente defendem a abordagem fônica e fonológica como sendo a mais adequada para a aprendizagem da leitura e da escrita (Brites, 2021a; Dehaene, 2012; Silva, 2020; Morais, 2023).

As pesquisas de Dehaene (2012) procuram responder: qual a rota neuronal realizada a partir dos estímulos visuais das letras? Quais são as áreas cerebrais afetadas? E ainda: qual o método mais adequado aos processos de aferição da leitura? Em suma, seus estudos realizados por meio de neuroimagem entre outras tecnologias comprovam que coexistem duas rotas de leitura: a rota fonológica, que envolve a relação grafofonêmica, e a rota lexical, que utiliza o reconhecimento visual das palavras para atribuir significado. Essas rotas formam circuitos neurais de aprendizagem da leitura.

As rotas fonológica e lexical são defendidas por Ellis (1995), que, com respaldo em Morton (1969), intitula de modelo de dupla rota.

Esses autores explicam que a rota fonológica abrange a relação grafofonêmica, envolvendo circuitos neurais que associam letras ou grupos de letras e convertem em fonemas, ou seja, parte a parte da palavra. O processo de representação fonêmica ativa formas fonológicas das palavras e, posteriormente, processa suas representações semânticas e ortográficas. Essa rota é utilizada em duas situações: por pessoas que não alfabetizadas desconhecem o princípio alfabético e pessoas alfabetizadas que se deparam com palavras novas, que não estão representadas pelo léxico do cérebro.

Segundo o Relatório Nacional de Alfabetização (Silva, 2021), a rota da leitura no cérebro, também intitulada de rota fonológica, processa-se no giro angular e supramarginal, que compõe uma rede neuronal responsável pelo processo de decodificação grafofonêmica.

A aprendizagem da leitura no cérebro por meio da rota fonológica depende de diversas regiões que trabalham de forma muito bem articulada:

- A informação com a forma da letra é capturada na área da forma visual das palavras também conhecida como caixa de letras na **região occipitotemporal**.

- Depois, a informação é transmitida para os giros supramarginal e angular no **lobo parietal**, onde acontece o processo de decodificação na relação grafema-fonema.

- Na sequência, o resultado dessa decodificação sofre interação com a área de Wernicke **(junção entre lobo temporal e lobo parietal)**, região responsável pela compreensão da linguagem e significado das palavras

- A área de Wernicke se comunica com a área de broca **(lobo frontal)**, que possui um importante papel no processo de comunicação, uma vez que é a área responsável pelo movimento motor da pronúncia, da fala. Por isso, no processo inicial de alfabetização, é importante que a criança decodifique em voz alta.

Figura 4 – Áreas do cérebro responsáveis pela leitura e complementares

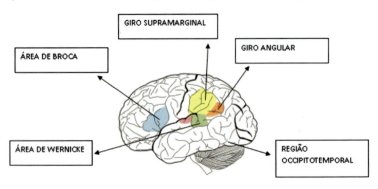

Fonte: adaptado de Wikipédia. Disponível em: https://pt.wikipedia.org/wiki/Giro_angular. Acesso em: 2 abr. 2024

A rota lexical processa-se por meio de palavras conhecidas, com as quais o leitor já está familiarizado. Esse processo valoriza o campo visual e semântico das palavras. O leitor, ao receber estímulos do campo visual, reconhece as palavras e compreende o seu sentido e significado. O uso dessa rota permite acesso mais rápido ao léxico mental, por ser um procedimento que faz acesso direto ao significado, por meio da estrutura gráfica da palavra. Diante do exposto, é importante frisar que a rota lexical se enquadra a leitores mais experientes, que tenham superado a fase de decodificação grafofonêmica.

De acordo com Dehaene (2012), a rota lexical é neuro ativada na região occipitotemporal, responsável pelo reconhecimento das letras. Quanto à rota fonológica, Capovilla *et al.* (2004) explicam que, no momento que cada parte da palavra é capturada pelo córtex visual, ela é imediatamente transmitida para a região que corresponde à junção dos lobos temporal e parietal esquerdo. Essa região, segundo os autores, refere-se aos giros supramarginal e angular, em interface com a área de Wernicke. Essa região é ativada durante o processo de análise fonológica. Considerando ainda que, no momento da decodificação, essas áreas também estimulam a compreensão do significado da palavra (área de Wernicke).

Dehaene (2012) comprova que o cérebro precisa de estímulos fonológicos para alimentar essa rota e enfatiza que o ensino deve partir da leitura, e não pela escrita. Isso ocorre porque o cérebro começa o processo de leitura pela via fonológica, por meio da decodificação e gradativa compreensão das palavras. Por outro lado, o processo de escrita se desenvolve mais acima, no córtex motor primário, localizado no giro pré-central.

Figura 5 – Localização da área responsável pelos movimentos

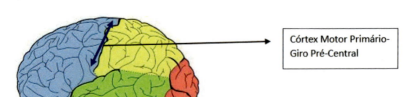

Fonte: adaptado de Empresa Sanar. Disponível em: https://sanarmed.com/resumo-sobre-anatomia-do-cerebro/. Acesso em: 2 abr. 2024

A escrita implica a necessidade de dominar a leitura, pois exige memorizar a palavra e codificar cada letra. Também requer competência de coordenação motora fina.

De acordo com o *Relatório nacional de alfabetização baseada em evidências* (Silva, 2021), a escrita à mão desenvolve a coordenação motora fina e sua aprendizagem abrange a automação da atividade gestual, bem como a memória do gesto motor. Isso significa que desenvolve tarefas de forma rápida e eficaz, sem a necessidade de usar sistematicamente as funções executivas.

> A representação da escrita está associada a uma memória central que contém informação espacial sobre a forma das letras. A informação espacial define proporções e orientações das letras e seus componentes. Essa representação da escrita no cérebro tem uma forma abstrata, ou seja, ela se mantém constante com o tamanho de letra, por exemplo, e funciona como uma "imagem mental do traçado da letra (Silva, 2021, p. 78).

O *Relatório nacional de alfabetização baseada em evidências* (Silva, 2021) explica que o cérebro da escrita abrange uma rede neural distribuída no córtex motor primário, localizado no giro pré-central: "A execução do gesto motor em si, por sua vez, é comandada pelo sulco central, uma região adjacente ao córtex pré-motor e que comanda movimentos da mão" (Silva, 2021, p. 79). Essa área precisa ser estimulada por meio de diversas atividades motoras.

Diante do exposto, reafirma-se que a alfabetização se inicie pela leitura, pois a rota da escrita pressupõe que a criança já compreenda os processos de decodificação. Ademais, não se recomenda iniciar a rota da leitura pela apresentação de letras e palavras, é preciso que sejam trabalhadas habilidades preditoras de consciência fonológica abrangendo:

a. habilidade de rima;

b. habilidade de aliteração;

c. habilidade de palavra;

d. habilidade de consciência silábica;

e. habilidade de consciência fonêmica.

Tais habilidades são exploradas por Brites (2021a), Capovilla e Capovilla (2005) e Morais (2023). Ademais a BNCC estabelece o desenvolvimento de competências como centro das práticas pedagógicas para os campos da vida social. O conceito de competência é definido no documento como "a mobilização de conhecimentos (conceitos e procedimentos), habilidades (práticas, cognitivas e socioemocionais), atitudes e valores para resolver demandas complexas da vida cotidiana, do pleno exercício da cidadania e do mundo do trabalho" (Brasil, 2018, p. 8). No que concerne a linguagem:

> As atividades humanas realizam-se nas práticas sociais, mediadas por diferentes linguagens: verbal (oral ou visual-motora, como Libras, e escrita), corporal, visual, sonora e, contemporaneamente, digital. Por meio dessas práticas, as pessoas interagem consigo mesmas e com os outros, constituindo-se como sujeitos sociais. Nessas interações, estão imbricados conhecimentos, atitudes e valores culturais, morais e éticos (Brasil, 2018, p. 63).

Todavia é importante elucidar que a BNCC articula letramento com as facetas interativa e sociocultural e com as práticas de alfabetização que abrangem a relação grafofonêmica e a decodificação do código escrito em suas partes menores que é a faceta linguística.

A BNCC explicita que:

> Apropriar-se do sistema de escrita depende, fundamentalmente, de compreender um princípio básico que o rege, a saber: os fonemas, unidades de "som", são representados por grafemas na escrita. Grafemas são letras ou grupos de letras, entidades visíveis e isoláveis. Os fonemas são as entidades elementares da estrutura fonológica da língua, que se manifestam nas unidades sonoras mínimas da fala (Brasil, 2018, p. 69).

A BNCC esclarece que algumas propriedades são necessárias para a aprendizagem do sistema da escrita e para que tais propriedades possam ser desenvolvidas, será necessário o uso de práticas nos ambientes educacionais que privilegiem o desenvolvimento das habilidades de consciência fonológica.

O documento reitera que a rota fonológica é a primeira rota de leitura, tendo como principal habilidade preditora a percepção da consciência fonológica. Segundo Cardoso-Martins (1995), esse termo significa a consciência de que as palavras são constituídas por diversos sons, ou grupos de sons e que elas podem ser segmentadas em unidades menores.

A BNCC também enfatiza acerca das relações linguísticas nas combinações grafofonêmicas a serem ensinadas no princípio alfabético: "Esse aprendizado, que representa um avanço decisivo no processo de alfabetização, realiza-se quando o aluno entende que o princípio geral que regula a escrita é a correspondência 'letra-som' – em termos técnicos mais apropriados, grafema-fonema" (Brasil, 2018, p. 69).

O exposto explica que é preciso compreender e admitir que a natureza alfabética do sistema de escrita se manifesta no momento em que o aluno tenta escrever em conformidade com o princípio alfabético fazendo a relação biunívoca letra-som.

Essa pesquisa respalda-se na Ciência Cognitiva da Leitura, baseada em evidências científicas, tendo como fundamento as pesquisas de neurociências. Segundo Dehaene (2012):

> O cérebro de nossas crianças é uma formidável pequena máquina de aprender. Cada dia passado na escola modifica o número vertiginoso de sinapses. Cabe então ao professor experimentar com zelo e rigor a fim de identificar dia após dia os estímulos ótimos como os quais alimentarão os alunos (Dehaene, 2012, p. 250).

O autor francês constitui uma pesquisa relevante para a educação, pois analisa como o cérebro aprende a ler. Demostra por meio de neuroimagem as áreas do cérebro inundadas com sinapses neuronais para a decodificação do código escrito. Com base no embasamento teórico desse autor, a neurociência explica qual o método mais apropriado para a alfabetização. Ele enfatiza abordagens metodológicas baseadas na consciência fonológica e fonetismo, que se guiam pelo método sintético, ou seja, o método fônico.

Segundo Magda Soares (2003), é importante também considerar a faceta linguística, que se constituiu pelo método fônico.

Os quadros de conteúdo do 1º ano da BNCC apresentam a relação grafema-fonema como componente curricular e, ao revelar tal correspondência, explicitam a faceta linguística proposta por Magda Soares. Além disso, o documento enfatiza o letramento, abrangendo as facetas interativa e sociocultural, bem como o trabalho com a escrita de gêneros textuais, a partir do 2º ano do Ensino Fundamental. De acordo com a Base Nacional Comum Curricular:

> O letramento é condição para a alfabetização, para o domínio das correspondências entre grafemas e fonemas, mas a alfabetização e a exploração sistemática dessas relações grafofonêmicas são também condição para o letramento (Brasil, 2018, p. 69).

Assim, com base no arcabouço teórico metodológico supramencionado a imagem a seguir mostra o caminho a ser percorrido:

Figura 6 – Rota de aprendizagem

```
SONDAGEM INICIAL DE LEITURA (Consciência Fonológica) → HABILIDADES PREDITORAS DE CONSCIÊNCIA FONOLÓGICA → PRINCÍPIO ALFABÉTICO - Relação grafema-fonema (processo de decodificação)

COMPETÊNCIA DE COMPREENSÃO LEITORA NOS CAMPOS DA VIDA SOCIAL ← LETRAMENTO leitura e produção de textos – gêneros textuais
```

Fonte: elaborada pela autora (2024)

  O primeiro passo é uma avaliação inicial, que será aplicada de forma lúdica e interativa para identificar se as crianças dominam as bases do princípio alfabético ou se estão na fase de pré-alfabetização. Essa avaliação baseia-se nas habilidades da consciência fonológica, rima, aliteração, sílabas, palavras e consciência fonêmica. Após essa sondagem, serão desenvolvidas habilidades de compreensão, vocabulário e consciência fonológica, como pré-requisito para a alfabetização. São habilidades preditoras, ou seja, que precedem a alfabetização. O outro passo consiste nas práticas pedagógicas para o trabalho com o princípio alfabético, abrangendo habilidades que focam a relação grafofonêmica. Esse caminhar segue rumo às práticas de letramento, envolvendo gêneros textuais, leitura e produção de textos, lembrando que consideram sempre a relação grafema-fonema e as partes menores da palavra. Finda-se o processo quando a criança consegue dominar o sistema de leitura com compreensão e faz uso da escrita nos campos da vida social. Todo esse passo a passo deve seguir o movimento de cinco eixos, segundo a BNCC (Brasil, 2018, p. 64-65):

- oralidade;
- leitura;
- escrita;
- conhecimentos linguísticos e gramaticais;
- educação literária.

Figura 7 – Eixos metodológicos segundo a BNCC

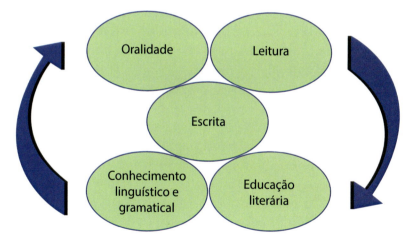

Fonte: elaborada pela autora (2024)

Os eixos metodológicos da BNCC orientam como trabalhar a língua portuguesa no Ensino Fundamental (anos iniciais). Assim, nessa etapa de ensino, devem ser trabalhadas experiências com língua oral no eixo "oralidade", abrangendo interações discursivas e estratégias de fala e escuta em intercâmbios orais. No eixo "conhecimentos linguísticos e gramaticais", vislumbra-se a prática de uso, a análise e a reflexão sobre a língua. Nos dois primeiros anos de alfabetização, se desenvolve por meio da análise do funcionamento da língua e de outras linguagens e seus efeitos nos discursos. É nesse eixo que se deve considerar habilidades de consciência fonológica, para que se garanta a relação grafema-fonema e, na sequência, o princípio alfabético. No decorrer do processo de apropriação da língua escrita, trabalha-se a gramática de forma progressiva. No eixo seguinte, "leitura", amplia-se o letramento, pois se insere a progressiva incorporação de estratégias de leitura em textos cujo nível de complexidade é crescente. Nesse eixo, inicia-se a apresentação de diferentes gêneros textuais, visando a leitura. A produção de textos, por sua vez, é abordada no eixo "escrita", que promove a progressiva incorporação de estratégias de produção de textos de diferentes gêneros textuais. Nesse processo, se insere o eixo "educação literária", ou seja, a importância de o professor ler diferentes textos literários para a criança. Provocá-los a interpretar e compreender o texto. E muito mais: deixar os alunos desejosos e sedentos pela leitura.

Em suma, este livro sugere a utilização de abordagem fonológica articulada às habilidades de consciência fonológica como precursoras para a alfabetização. Na sequência, prima pelo trabalho com o princípio alfabético, por meio de uma abordagem fônica, com ênfase na relação grafema-fonema. Após a introdução do princípio alfabético, insere gradativamente as facetas interativa e sociocultural do letramento, com práticas mais globais de alfabetização, nas perspectivas sociointeracionistas e culturais de Vygotsky (1998). Tudo isso com muita adaptação metodológica, pois estamos trabalhando também com alunos neuroatípicos de inclusão.

10
ADEQUAÇÃO METODOLÓGICA PARA ALUNOS DE INCLUSÃO

Adequações metodológicas são modificações do planejamento, dos objetivos, das atividades e das formas de avaliação, no currículo como um todo ou em aspectos relevantes de forma a garantir a inclusão. De acordo com o *Caderno de adequação metodológica da Secretaria Municipal de Curitiba*, "a adequação curricular é uma ferramenta que contribui para a aprendizagem do aluno com deficiência, por meio de ações e estratégias de ensino que atendem a sua especificidade" (Curitiba, 2018, p. 30).

As situações didáticas em grande grupo são variadas e podem ter múltiplas finalidades. Além das que já mencionamos há pouco, todos podem aprender também, por exemplo, participando da revisão coletiva de um texto.

É importante enfatizar que, em sala de aula, há modos diferentes de organização das atividades, tais como:

- situações didáticas em grande grupo;
- situações didáticas em pequenos grupos e em duplas;
- situações didáticas em que as atividades são realizadas individualmente.

As atividades em pequenos grupos ou em duplas são oportunidades promissoras para adequações metodológicas, pois, com respaldo em Vygotsky, é possível incluir no grupo ou na dupla crianças com mais facilidade de aprendizagem dos conteúdos, para que atuem como mediadoras do conhecimento na zona de desenvolvimento proximal.

Zona de desenvolvimento proximal é a distância entre o nível de desenvolvimento real, que se costuma determinar através da solução independente de problemas, e o nível de desenvolvimento potencial, determinado através da solução de problemas sob a orientação de um adulto ou em colaboração com companheiros (Vygotsky, 1998).

Segundo Hoffmann (2009), quanto mais amplas forem as estratégias pedagógicas e quanto maiores forem as oportunidades de os estudantes interagirem com o objeto de estudo por meio da reflexão, mais sucesso na aprendizagem eles terão.

Na adequação metodológica, as atividades diversificadas oferecem distintas formas de linguagem para a aprendizagem, bem como abordagem multissensorial, tais como leitura, escrita, expressão corporal, musical, jogos, brincadeiras, recorte, colagem, rasgadura, desenho, massa de modelar, entre outras. Devem ser considerados canais de aprendizagem, como visão, audição, cinestesia e tato, os quais facilitam a apropriação de distintas formas de se resolver os desafios escolares (dificuldades dos estudantes) e promovem uma maior consciência do professor na aplicação dessas atividades.

Portanto, a adequação metodológica do plano curricular é considerada de suma importância para o processo de inclusão dos alunos. De acordo com o Parecer CNE/CEB nº 11/2010, "os conteúdos dos diversos componentes curriculares [...], ao descortinarem às crianças o conhecimento do mundo por meio de novos olhares, lhes oferecem oportunidades de exercitar a leitura e a escrita de um modo mais significativo" (Brasil, 2010).

Se os conteúdos descortinam conhecimentos, importa que esses conteúdos das grades curriculares passem por adaptações metodológicas, a fim de garantir o ensino e a aprendizagem às crianças neuroatípicas.

11
A IMPORTÂNCIA DA PSICOMOTRICIDADE

Segundo a Associação Brasileira de Psicomotricidade (2021), a terminologia "psicomotricidade" articula-se a uma concepção de movimento integrado e organizado e considera as experiências vividas pelo sujeito.

Aprofundando mais a conceituação, a Associação Brasileira de Psicomotricidade (2023)[1] explicita que psicomotricidade é uma ciência cujo objeto de estudo centra-se no ser humano por meio de seu corpo em movimento e na relação com o mundo externo e interno. A psicomotricidade está relacionada ao processo de maturação, onde se situam o corpo e as aquisições, tanto cognitivas como afetivas e orgânicas. Em um interessante vídeo produzido pelo Instituto Neurosaber (2022), Brites, fundadora do Instituto Neurosaber, explica cada parte da palavra designada pelo termo "psicomotricidade": "psi" se refere a aspectos emocionais, como sentimento e emoção; "co", a aspectos cognitivos, como o processamento das informações do cérebro, atenção, concentração, memória e aspectos sequenciais; "motric", ao movimento humano permeado de inteligência, pois há intencionalidade; e "idade", às etapas de vida do ser humano. Discutir psicomotricidade implica em refletir sobre a inclusão. De acordo com Pessoa *et al.* (2019):

> A educação inclusiva aposta na escola como comunidade educativa, defende um ambiente de aprendizagem diferenciado e de qualidade para todos os alunos. É uma escola que reconhece as diferenças, trabalha com elas para o desenvolvimento e dá-lhe um sentido, uma dignidade e uma funcionalidade (Pessoa *et al.*, 2019, p. 4).

---
[1] Disponível em: https://psicomotricidade.com.br/sobre/o-que-e-psicomotricidade/. Acesso em: 14 ago. 2023.

Diante do exposto, é fundamental uma mudança de paradigma da prática pedagógica escolar, da funcional e linear para a relacional (Pessoa *et al.*, 2019).

A psicomotricidade proposta por esses autores é a relacional, que vislumbra o olhar para crianças de inclusão, em especial as não verbais. Nessa modalidade de psicomotricidade, o brincar é livre e valoriza-se o movimento. Pode-se dizer que tanto aprendizagem como desenvolvimento humano se articulam por meio de relações afetivas e promovem a expressão de crianças e professores (Pessoa *et al.*, 2019). A psicomotricidade relacional promove a inclusão numa perspectiva de escola inclusiva que foge aos padrões ditos tradicionais, pois otimiza o espaço de interação.

Ainda que não seja uma tarefa fácil, é preciso lançar o olhar para a criança na perspectiva da totalidade. Para Bueno (2021, p. 165):

> O termo remete às ideias relativas ao todo e à parte. O todo consiste das partes do relacionamento entre elas. O ser particular é o ser em relação aos outros, portanto, o ser é um, mas também é diverso, é a unidade na diversidade.

O ser humano é um ser emocional, racional, subjetivo, corpóreo, social e cultural. Portanto, ainda que não consigamos trabalhar o todo como soma das partes, precisamos refinar nosso olhar para enxergar essa totalidade, mirar no todo e, por isso, abrir espaço para trabalhar a psicomotricidade relacional. Isso implica em despir-se da insegurança e não abrir mão da brincadeira: correr, pular, driblar, cair no chão, andar em zigue zague, andar de ré, brincar de pega-pega, manusear brinquedos, tirá-los e colocá-los dentro de recipientes; brincar de "embaixo", "em cima", "ao lado" e "ao outro".

Não se importe que a meta seja alfabetizar e o objetivo seja apresentar letras. Saiba que a psicomotricidade ajuda a desenvolver habilidades para a alfabetização. Alfabetização pressupõe relação afetiva e emocional com o professor, e a psicomotricidade relacional é uma importante ferramenta. Assim, reserve pelo menos trinta minutos diários para brincar e se relacione com seus alunos.

Vygotsky (1998) destaca a importância do indivíduo aprender por meio das interações humanas. É assim que ocorre o processo de mediação, pois, segundo sua teoria, o aprendizado é resultado de processos sociais. Vygotsky (1998), por ser um clássico e pioneiro pesquisador, valoriza a inter-relação adulto-criança no processo de aprendizagem, que é um dos pontos chave de sua teoria.

De acordo com esse autor, o brincar é essencial para o desenvolvimento cognitivo da criança, pois os processos de simbolização e de representação a levam ao pensamento abstrato. Segundo Pessoa *et al.* (2019), é justamente no brincar que reside a relação afetiva e a psicomotricidade relacional, que, embora pensada para crianças de inclusão, pode ser trabalhada com crianças neurotípicas também.

Tratamos, até aqui, da psicomotricidade relacional por vislumbrar o trabalho com crianças de inclusão, mas não podemos deixar de abordar acerca da grafomotricidade infantil.

Segundo Carreira (2013), a grafomotricidade tem como objeto de estudo os processos que intervêm nas grafias e o modo como são automatizados, abrangendo diversos fatores até se chegar à fluidez da escrita. A autora explica que a grafomotricidade pode ser concebida como uma disciplina científica, cuja função é o ato gráfico, dada pela análise das coordenadas produzidas pelo cérebro, pela configuração dos sinais gráficos, pelos processos comunicativos e simbólicos, pelos aspectos cognitivos operacionais e pelos modelos comunicativos, sociais e interativos.

Numa linguagem bem simples, grafomotricidade significa a "habilidade para a execução dos traços e símbolos da escrita" (Carreira, 2013, p. 61).

A linguagem faz parte do ser humano e opera por meio de uma programação genética que predispõe o homem a falar e a se comunicar. Desde bebê, há uma genética preparada para a aquisição da língua materna, mas o mesmo não ocorre com a escrita. Ler e escrever são competências que precisam ser aprendidas e devem seguir uma sequência didática aliada à neurobiologia cerebral.

Num primeiro passo, a leitura ocorre por meio de uma rota fonológica (Dehaene, 2012), e num segundo passo cabe desenvolver na criança a habilidade de escrita. Conforme Carreira (2013, p. 64):

> [...] a expressão escrita resulta da ação conjunta de várias estruturas neurais, responsáveis pelo desempenho de várias funções (visual, motora, linguística, associativa), o que outorga um elevado grau de complexidade a esta programação motora.

A escrita não pode ser analisada de forma simplista como se dependesse apenas do movimento motor. É preciso considerar: "recuperação lexical, sintática e semântica da informação armazenada" (Carreira, 2013, p. 65).

É importante considerar que, ainda antes de utilizar a escrita com a criança, é preciso realizar práticas psicomotoras. Uma delas, de acordo com Carreira (2013), refere-se à manipulação de objetos.

Segundo Costa (2022), algumas práticas psicomotoras são relevantes e devem preceder ao ensino da escrita, tais como:

- empilhar copos: colocar em frente da criança e solicitar que empilhe;
- recortar utilizando tesoura: solicitar que a criança recorte várias figuras de revistas e jornais;
- contornar desenhos: contornar desenhos de revistas em todos os seus detalhes;
- sair do labirinto: dar um labirinto em desenho para a criança e pedir que contorne até sair do labirinto;
- pintar desenhos: utilizando tinta guache, pedir que a criança pinte até os contornos sem sair dos limites do desenho;
- quebra-cabeça: pedir para a criança montar o quebra-cabeça;
- perfuração com palitos de churrasco: pedir que sobre um isopor perfure o contorno de desenhos com palito de churrasco.

A grafomotricidadede deve ser trabalhada diariamente para que a criança possa desenvolver habilidades de coordenação motora fina.

12

APLICAÇÃO PRÁTICA

A aplicação prática que dá embasamento a esse estudo está na experiência de vivenciar cada etapa do processo de alfabetização ora proposto. Considera as pesquisas contemporâneas das neurociências como ferramenta para compreender a forma do cérebro aprender a ler. Atenta-se às rotas neuronais de aprendizagem e, diante disso, este livro evita, erroneamente, iniciar a alfabetização pela escrita, pela palavra ou pelo texto. A aplicação prática pressupõe entender que o mecanismo inicial de leitura passa pela decodificação do código, fonema por fonema, da esquerda para a direita.

Ademais, o que legitima esse trabalho foi experienciar uma pesquisa de estudo de caso com uma adolescente com TEA e deficiência intelectual moderada. A aplicabilidade prática, a observação e a avaliação validaram a sequência didática e os procedimentos que se pretende apresentar.

Posto isso, importa ressaltar que a dinâmica em sala de aula distingue-se de um trabalho individualizado e requer combinados com a turma e o apoio de alunos mais adiantados, atuando como mediadores na zona de desenvolvimento proximal, como nos diz Vygotsky (1998).

O texto a seguir traz uma sequência didática organizada por etapas, visando mostrar um passo a passo de como proceder a dinâmica de alfabetização com a turma como um todo, considerando as especificidades dos alunos de inclusão.

Cada etapa contempla uma breve explicação, expondo o objetivo da mesma e sua relação com o aluno de inclusão, correlata à sua deficiência. Espera-se que esses procedimentos abram caminhos para o professor alfabetizador ou mesmo para o professor de apoio pedagógico que trabalha com essas crianças.

Convém expor que esses procedimentos não são cristalizados, podendo ser ressignificados e representando uma proposta de intervenção para apoiar o professor em sala de aula, dados os inúmeros desafios que enfrenta no dia a dia.

PROCEDIMENTOS DE ALFABETIZAÇÃO PARA ALUNOS DE INCLUSÃO E ALUNOS NEUROTÍPICOS – ETAPAS

Esses procedimentos podem ser trabalhados individualmente, em salas de recursos, com turmas de classes especiais ou em turmas regulares envolvendo crianças neurotípicas e atípicas. O que os diferencia são as adaptações metodológicas e as abordagens multissensoriais.

Nesse processo, é importante lembrar de duas consignas que não podem ser esquecidas pelo professor:

a. abordagem multissensorial;

b. instrução explícita.

A abordagem multissensorial nada mais é do que usar recursos que estimulem a audição, o tato e a visão. O que importa é estimular diferentes áreas neuronais que interferem nas funções cognitivas do cérebro.

A instrução explícita respalda-se em Vygotsky (1998) e na mediação pedagógica. Trata-se de uma forma direta e estruturada de ensinar, tornando o processo muito mais claro com a orientação docente e, ao mesmo tempo, com sua interação durante as atividades. Isso porque o docente mostra às crianças como iniciar e ter sucesso em uma tarefa, além de fornecer muitos comentários e oportunidades de prática. Na instrução explícita, o docente realiza as atividades junto com o aluno, explica a atividade e se coloca disponível para apoiá-lo.

As laudas a seguir apresentam uma sugestão de passo a passo para a alfabetização, enfatizando que pode servir tanto para crianças neuroatípicas, quanto para crianças neurotípicas. No caso das crianças neuroatípicas, elas requerem apenas algumas adequações metodológicas.

A sequência didática deste estudo será organizada nas seguintes etapas:

1ª Etapa: diagnóstico inicial;

2ª Etapa: roda da rotina;

3ª Etapa: sondagem inicial de pré-alfabetização e leitura;

4ª Etapa: compreensão;

5ª Etapa: vocabulário;

6ª Etapa: habilidade de discriminação auditiva;

7ª Etapa: consciência fonológica - habilidade de rimas;

8ª Etapa: consciência fonológica - habilidade de aliteração;

9ª Etapa: consciência fonológica - habilidade de palavras;

10ª Etapa: consciência fonológica - habilidade de sílabas;

11ª Etapa: consciência fonológica - habilidade de consciência fonêmica;

12ª Etapa: princípio alfabético;

13ª Etapa: letramento;

14ª Etapa: fluência de leitura e competência de compreensão leitora.

1º Etapa: diagnóstico inicial

O diagnóstico inicial pode ser realizado com cada criança da turma. Caso isso não seja possível, é fundamental priorizar, em especial, a criança de inclusão. É importante que seja um diagnóstico individualizado.

Visa conhecer a criança em suas peculiaridades, bem como identificar habilidades, potencialidades, vulnerabilidades, preferências e afazeres que gosta ou não gosta de realizar.

Nessa etapa de diagnóstico, sugere-se que o professor tenha acesso à documentação escolar, bem como a relatórios ou laudos da criança. Também é importante dialogar com outros professores que tiveram contato com o aluno de inclusão.

É relevante estabelecer, no instrumento de diagnóstico, critérios para conhecer as habilidades da criança. Essas habilidades podem se respaldar nas inteligências múltiplas de Gardner (1995).

Convém ressaltar que a prática do diagnóstico por meio de critérios e instrumentais proporciona ao professor sensibilidade para identificar as habilidades do aluno com deficiência, evitando focar somente nas limitações e dificuldades. Ademais, também é necessário conhecer as limitações para, então, proceder às adequações metodológicas.

O diagnóstico não pode ser uma prática exclusiva do professor. É importante que a equipe pedagógica dialogue com a família, buscando conhecer as relações da família com a criança. A equipe pedagógica pode, sim, fazer uma anamnese, por exemplo: como foi a gestação? Como se relaciona no dia a dia? Quais são as preferências? O que gosta e não gosta de fazer? Como reage quando contrariada? Como a família lida com conflitos? Quais são as condições socioeconômicas? Participa de programas sociais? Faz acompanhamentos com especialistas (psicólogo, neurologista, fonoaudiólogo)? Como a criança expressa suas emoções em situações de conflito? Enfim, essas e outras indagações precisam ser feitas para visualizar a criança na sua totalidade.

Também é importante, nesse diagnóstico, dialogar com professores de educação física e artes, por exemplo. Essas áreas motivam diferentes dimensões do currículo e podem sinalizar habilidades ou dificuldades relevantes.

Cabe, nesse processo, registrar em forma de relatório todas as percepções, seja pelo professor, seja pela equipe pedagógica da escola.

Para identificar preferências, o que a criança gosta ou não gosta de fazer, sugere-se utilizar consignas de fácil compreensão e perguntas objetivas, com respostas de "sim" ou "não", pois podem ser respondidas com gestos caso a criança não fale. Vale ressaltar que há autistas com mutismo seletivo (ouvem, mas escolhem com quem falam) ou não verbais (ouvem, mas não se comunicam por meio da fala por várias causas, ou seja, apraxia da fala, por exemplo, pois não coordenam a verbalização, seja pela falta de motricidade da fala ou outras causas).

2ª Etapa: roda da rotina

Fazer a roda de rotina com figuras bem coloridas e ponteiro indicativo, abrangendo as atividades gerais que serão realizadas em todos os encontros. É importante utilizar a roda da rotina em todas as aulas pois, geralmente, autistas e TDAH se organizam e se orientam por meio de rotinas. Além disso, também é importante para os alunos neurotípicos.

Segue exemplo: hora da contação de história, hora de se mexer, hora de ir ao banheiro, hora do lanche, hora de fazer atividade, hora de se despedir e ir embora. O exemplo sugere contar histórias, o que é muito importante para estimular a leitura, ainda que nem todas as histórias precisam ser contadas com uso de livros. Na sequência, "hora de se mexer" destaca a importância de provocar situações que coloquem a criança em movimento, estimulando a relação psicomotora entre tempo, espaço e a relação com o objeto e com os outros. Exemplo: cadê a mão? Cadê o pé? Brincar de espelho, fazer mímicas, movimentos ritmados, imitações, pular, girar, caminhar em zigue zague, girar as mãos no ar, fazer rabiscos em folhas de papel bobina, fazer movimentos aleatórios, balanços, deslizes, subidas, giros e quedas. Essa prática psicomotora pode ser feita no espaço externo.

Na hora de se mexer, também é possível brincar com o simbólico: encher e esvaziar, mostrar e esconder, curto e comprido, entrar e sair, abrir e fechar, dentro e fora.

A "hora do lanche" e a "hora de ir ao banheiro" demarcam o momento de satisfazer necessidades biológicas, nas quais a criança precisa, por um bom tempo, exercer controle inibitório e esperar o tempo adequado para satisfazer as suas necessidades. Demarcar o tempo adequado para tais ações é importante para que a criança possa se autogerir. Na continuidade, após diversas atividades de estímulos multissensoriais, chega a hora de propor atividades correlatas aos objetivos curriculares da aula. Essas atividades requerem controle postural e disciplina de prestar atenção às orientações docentes. Ao final, a despedida e a hora de ir embora. Nesse momento, é importante incentivar o ato de dizer tchau, dar um abraço e demonstrar afeto, considerando que o ciclo de um dia se encerra.

3ª Etapa: sondagem inicial de pré-alfabetização e leitura

A sondagem inicial de pré-alfabetização e leitura respalda-se nas habilidades de consciência fonológica. O instrumento deve ser aplicado de forma processual, em conformidade com os objetivos de cada aula. Se preciso, pode durar vários encontros ou semanas. O importante é explorar as habilidades da melhor maneira possível, sempre com ludicidade.

É necessário realizar essa sondagem em várias aulas, sem pressa. Nessa etapa, deve-se abordar as habilidades de consciência fonológica, lembrando que essa sondagem NÃO visa verificar habilidades de escrita, mas, sim, em primeiro lugar a consciência fonológica e, depois, a leitura. O respaldo teórico para iniciar pela leitura encontra-se nas bases científicas das pesquisas em neurociências.

Após sondar as habilidades de consciência fonológica, é importante verificar a habilidade de leitura para aferir como está o nível de compreensão do princípio alfabético na relação grafema-fonema.

Durante essa sondagem usar estratégias psicomotoras e multissensoriais.

As etapas seguintes orientam a desenvolver o processo de alfabetização, iniciando pelas habilidades preditoras, ou seja, preparatórias, para depois trabalhar o princípio alfabético. É importante que o professor não se apresse em mostrar as letras, pois não é nome de letra que a criança precisa dominar, apesar de ser válido o que mais importa é a relação grafofonêmica.

Assim, os próximos passos orientam-se por meio de atividades de compreensão, vocabulário e consciência fonológica, que são preditoras, pois antecedem a prática de alfabetização com o princípio alfabético, sem preocupação com o texto escrito. Segundo Morais (2023), o termo consciência fonológica é definido como sendo a consciência de que as palavras são constituídas por diversos sons ou grupos de sons e que elas podem ser segmentadas em unidades menores.

Segundo Brites (2021a), é importante seguir uma sequência didática das habilidades de consciência fonológica, conforme descrito abaixo:

a. habilidade de rima;

b. habilidade de aliteração;

c. habilidade de palavra;

d. habilidade de consciência silábica;

e. habilidade de consciência fonêmica.

Note que as letras e palavras somente serão apresentadas no princípio alfabético, após o trabalho com habilidades de consciência fonológica. Antes disso, o foco é o som das palavras, nas brincadeiras de rima e aliteração, na descoberta de cada pedacinho da palavra e na identificação de cada som silábico dentro de cada palavra. Utilizam-se figuras coloridas, cantigas, parlendas, trava línguas e muita criatividade, sem medo de errar, pois o respaldo é científico.

O processo de aquisição da leitura percorre uma rota fonológica. Por isso, é importante estimular a habilidade de distinguir os sons, e assim neuroativar essa capacidade cerebral para favorecer os neurônios a transmitirem informações fonológicas no ato da decodificação das letras e fonemas.

Ademais, convém explicitar que as etapas a seguir se respaldam didaticamente em Brites (2021a, 2021b) e na BNCC (Brasil, 2018).

4ª Etapa: compreensão

A leitura é muito importante para o desenvolvimento infantil, abrangendo aspectos emocionais, sociais e cognitivos. A leitura por meio da literatura é objeto de inúmeras pesquisas educacionais, grande parte delas instiga a formação de um leitor crítico, sobretudo após a década de 1980, com a redemocratização do ensino. O ato de ler provoca a criança a pensar sobre o que leu, sua importância e para que serve. Nesse processo, o conteúdo da leitura torna-se objeto de interpretação, compreensão e informação. Ademais, de acordo com o Instituto Neurosaber (2023), a compreensão flui como um processo ativo de natureza complexa, que implica no ato de, ao mesmo tempo, extrair e construir significado a partir do texto. A leitura também possibilita ao leitor que obtenha sentido e significado do texto por meio de processos intencionais, visando elucidar significados, compreender conhecimentos e abstrair informações.

Diante do exposto, a leitura consolida-se como uma prática social, cultural, intelectual e vivencial, bem como institucionalmente situada.

Portanto, compreender um texto implica em estabelecer relações de sentido as quais vão sendo construídas. Nesse processo, o leitor vai construindo uma representação mental com o texto lido (Colomer; Camps, 2002).

Isso significa que o ato de ler envolve raciocinar sobre as palavras e seus significados, assim como a interpretação da mensagem possui uma integração com o conhecimento implícito num processo de reconstrução de significados (Colomer; Camps, 2002). Diante do exposto, o sentido do texto somente é apreendido se o leitor tiver domínio do sistema de escrita. E esse domínio perpassa pela fluência leitora, ou seja, a partir do momento em que a criança lê com fluência, ela será capaz de compreender o texto, uma vez que não precisará fazer o esforço da decodificação fonema por fonema, grafema por grafema.

Ademais, é importante esclarecer que a compreensão não está necessariamente ligada à leitura da criança, mas sim à capacidade de compreender o que é lido ou ouvido.

Por isso, numerosos estudos apoiam a importância da leitura para a criança, com vistas ao seu desenvolvimento. Portanto, ainda que na fase inicial de alfabetização ela não leia, o outro leitor pode fazer a leitura, indagar e interagir, uma vez que o propósito da leitura deve ser a compreensão, assim como se objetiva que uma criança alfabetizada possa compreender o que lê. Por esse motivo, nessa etapa, é importante explorar diversas leituras por meio da contação de histórias.

Considerando o exposto, sugere-se a leitura de livros e histórias, bem como a exploração e indagação sobre o que foi lido. Isso pode e deve ser feito com livros físicos, para que a criança reconheça as imagens da capa, o sentido da escrita e o conceito de impressão. Todavia, além de livros, é possível contar histórias, dramatizar, vestir-se de personagem e brincar com as palavras. Assim, é importante provocar a criança para que interprete a história e compreenda. Essas práticas são preditoras para o processo de alfabetização.

5ª Etapa: vocabulário

De acordo com o Instituto Neurosaber (2023), o vocabulário são as palavras que precisam chegar ao conhecimento da criança para que ela tenha condições de se comunicar. As crianças aprendem e também aprimoram o vocabulário de duas formas: direta e indiretamente. Todavia, na prática, o aprendizado do vocabulário é quase sempre de forma indireta, ou seja, de maneira não intencional e que se aprende na prática. Ocorre que a linguagem se desenvolve na medida em que se estabelece a relação com o outro. Assim, a aprendizagem para o aumento do vocabulário é pré-requisito para a alfabetização.

Desenvolver o vocabulário é muito importante para o desenvolvimento da criança. Isto porque as palavras que conhecemos possibilitam compreender a expressão do pensamento do outro e, a partir disso, elaborar os próprios pensamentos. Outro ponto relevante é que o vocabulário é essencial para que ocorra a aprendizagem da leitura e também da escrita.

Com o objetivo de estimular a ampliação do vocabulário, é possível realizar jogos de palavras, brincar de perguntas e respostas, como em uma entrevista, identificar palavras, exemplo: o que guarda na geladeira? O que compra no mercado? O que tem no quarto? O que tem na cozinha? Mostrar diversos objetos e pedir para falarem o nome. Mostrar figuras e pedir para falarem as palavras e explorar qualidades de cada figura considerando o sentido. Brincar com rimas. Continuar a história passando de mão em mão um objeto que deve aparecer na história. Inventar palavras novas e criar um contexto para elas.

6ª Etapa: habilidade de discriminação auditiva

A discriminação auditiva abrange a recepção e, ao mesmo tempo, a interpretação de estímulos sonoros por meio da audição. No momento em que acontece a discriminação auditiva, percebem-se algumas importantes habilidades, tais como a detecção do som, a percepção sonora, a discriminação do som, bem como a localização, o reconhecimento, a compreensão, a atenção e memória. Todas essas etapas fazem parte do processamento auditivo. Diferente dos nervos ópticos, a audição não suporta estímulos desagradáveis. Isso significa que caso o ouvido seja exposto a um som muito alto ou agudo o cérebro interpreta como havendo algo errado e por isso causa a irritabilidade. "A discriminação auditiva representa um aspecto fundamental para a produção correta dos sons da fala. As crianças devem aprender e discriminar sons específicos para que sua fala seja adequada ao padrão-alvo adulto de sua língua materna" (Brancalioni *et al.*, p. 158, 2012).

O trabalho com habilidades auditivas em práticas pedagógicas visa desenvolver a discriminação auditiva. Nesse caso, a criança precisa elucidar se os sons das palavras são iguais ou diferentes, desde o reconhecimento mais perceptível até os mais sutis. Além do reconhecimento dos sons das palavras, cabe trabalhar os sons de objetos e animais, bem como localizar de onde vem o som, sejam eles baixos ou altos (Bevilaqua; Formigonni, 2005).

No processo pedagógico de reconhecimento auditivo, tem-se a expectativa de que a criança consiga reconhecer o som das vogais, distinguir as consoantes e reconhecer as palavras nas frases.

O treino pedagógico de discriminação auditiva pode envolver diversas atividades, tais como:

- utilize diversos objetos que façam sons variados tais como: apito, pedras, latas com feijão dentro. Peça para a criança fechar os olhos em seguida faça uma sequência de sons e peça para a criança discriminar;
- realize atividades de ritmo com sequência de palmas e batida de pés;
- mostre alguns sons e peça para que identifiquem os sons ouvidos;

- identifique e imite os sons e ruídos produzidos pelos animais e fenômenos da natureza;
- faça a brincadeira de cobra cega para encontrar o lugar de onde vem o som.

7ª Etapa: consciência fonológica - habilidade de rimas

As rimas são palavras com sons finais parecidos, que auditivamente combinam. Segundo Capovilla e Capovilla (2005), essa habilidade é considerada metafonológica.

Existem inúmeras atividades que envolvem rimas, abrangendo músicas, poesias, jogo de memória e trava línguas. Brites (2021a) apresenta algumas sugestões, como, por exemplo, um jogo de memória com bichos que rimem (gato-rato, leão-cão, urubu-canguru), entre outros. Também é possível distribuir folhas com figuras de animais e objetos que rimem e solicitar que as crianças liguem. Ademais, elas podem circular ou pintar os animais e objetos que rimam.

Outra sugestão de atividade é trabalhar com a poesia *A casa que rimava*, da autora Aline Gomes Barbosa Guedes, facilmente encontrada no YouTube. Essa poesia rima diversos animais e possibilita fazer várias atividades, como a entonação de voz, ênfase na rima e pintura dos desenhos que rimam no conteúdo da poesia.

A CASA QUE RIMAVA

Era uma casa muito legal,
Tinha em cada porta um animal.
Era uma casa
Muito importante
Quem mora nela é o ...
ELEFANTE.]

Há nesta casa
Quem o lixo apanha,
O nome dela é a ...
ARANHA.

Neste lugar
Há um boné,
O dono dele é o ...
CHIMPANZÉ.

Nessa casa tinha um
Porão, quem vive nele é um...
LEÃO.

Esta casa, é muito suja
Isto chateia a ...
CORUJA.

É um lugar muito
Esquisito, quem vive nele é o ...
MOSQUITO.

Lá todos comem
Acarajé, o cozinheiro é o ...
JACARÉ.

E nesta casa
Tem um porão,
Quem vive nele é o ...
LEÃO.

Lá tem também
Uma garrafa, a dona
Dela é uma ...
GIRAFA.

E tem também
Muita fofoca,
Quem conta elas, é a ...
FOCA.

Nela mora um
Sertanejo, o nome dele é ...
CARANGUEJO.

É uma casa
Que não tem telha
Quem vive nela é a ...
ABELHA.

Mas nesta há
Muitos pratos,
Quem come neles
São os ...
PATOS.

E nesta casa há um
Doutor, o nome dele é o ...
CASTOR.

Tem um cidadão
Cor de violeta,
O nome dele é ...
BORBOLETA.

Nesta casa tem uma
Banda, o vocalista é o ...
URSO PANDA.

Neste lugar tem
Um tesouro, o dono dele é o ...
BESOURO.

Tem um recém-chegado
De Portugal, o nome dele é ...
PARDAL.

Tem um hospede
Que pede socorro, o nome dele é o ...
CACHORRO.

E todos receberam
Uma carta, o remetente é a ...
LAGARTA.

Aline Gomes Barbosa Guedes (2018)[2]

---

[2] Disponível em: https://pt.scribd.com/document/742299127/A-CASA-QUE-RIMAVA. Acesso em: 3 maio 2024.

SEGUINDO A RIMA DA CASA RESPONDA:
MUITO IMPORTANTE É O_____
NO PORÃO VIVE O_____
MUITO ESQUISITO É O_____
NÃO TEM TELHA_____
TEM UMA GARRAFA É A _____
COR VIOLETA É A _____
MUITOS PRATOS SÃO OS_____
DEPOIS PINTE OS ANIMAIS, FAÇA UMA DOBRADURA DE CASA E COLE OS ANIMAIS

A canção *Cai, cai, balão* é excelente para trabalhar com rimas, pois existe uma variedade de palavras que terminam com -ão.

Figura 8 – Ilustração da música CAI, CAI, BALÃO

Cai, cai, balão.
Cai, cai, balão,
aqui na minha mão.
Não cai não,
não cai não,
não cai não.
Cai na rua do João

Cai, cai, balão.
Cai, cai, balão,
aqui na minha mão.
Não cai não,
não cai não,
não cai não.
Cai na rua do sabão.

Fonte: Thesa músicas infantis. Disponível em: https://www.ufrgs.br/tesauros/index.php/thesa/terms_from_to/352/pdf/9. Acesso em: 3 maio 2024

Também é possível usar a abordagem multissensorial por meio de dobradura de balão. Depois, faz-se uma roda com a turma, e todos jogam o balão cantando a música e falando em voz alta, palavras que rimam com balão.

Figura 9 – Rimas com Balão

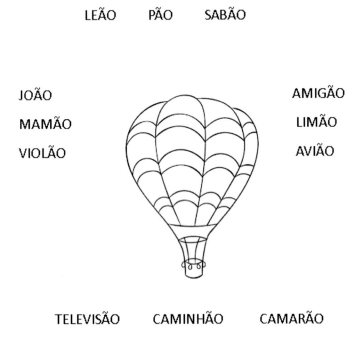

Fonte: Disponível em: https://desenhopracolorir.com.br/balao-para-colorir/. Acesso em: 10 maio 2024

No lugar das palavras escritas, usar figuras, pois, nessa etapa, o foco são os sons e não as palavras escritas.

Outra atividade interessante é jogo de memória com figuras que rimam. Na internet, se encontram várias sugestões bem acessíveis.

8ª Etapa: consciência fonológica – habilidade de aliteração

De acordo com Brites (2021a), a aliteração refere-se à capacidade de identificar e repetir a sílaba ou fonema no começo das palavras. As atividades práticas com aliteração proporcionam à criança condições de realizar mais conexões entre as palavras e os respectivos sons. O processo envolve a ludicidade e a diversão, até que, aos poucos, a criança abstrai os sons das palavras.

Geralmente, a aliteração costuma aparecer em brincadeiras de trava-línguas. Os trava-línguas são maneiras divertidas de brincar com os sons das palavras e, ao mesmo tempo, uma ótima possibilidade de trabalhar consciência fonológica. Seguem alguns exemplos:

> O RATO ROEU A ROUPA DO REI DE ROMA E A RAINHA ROXA DE RAIVA ROEU O RESTO

Há um vídeo bem interessante no YouTube[3] que brinca com esse trava-línguas por meio de música e dança.

A seguir, alguns trava-línguas extraídos do livro *Brincando com trava-línguas*, de Alencar (2009):

> TECELÃO TECE O TECIDO EM SETE SEDAS DE SIÃO. TEM SIDO A SEDA TECIDA NA SORTE DO TECELÃO.
> ARANHA ARARINHA ARIRANHA ARANHINHA.

Ao lado do trava-línguas, a personagem Linguaruda, confeccionada com E.V.A e T.N.T. A criança deve falar alto o trava-línguas e, caso se atrapalhe, dá um nó na língua da Linguaruda. É uma brincadeira bem divertida.

---

[3] Segue o endereço eletrônico: https://www.youtube.com/watch?v=dnvzDvEmMbc.

Figura 10 – A linguaruda

PINTO PIA
PIA PINGA
QUANTO MAIS
O PINTO PIA
MAIS A PIA PINGA

Fonte: a autora

Figura 11 – Trava língua: o rato roeu a roupa do rei de Roma

O RATO ROEU A ROUPA DO REI DE ROMA!
A RAINHA RAIVOSA RASGOU O RESTO E RESOLVEU REMENDAR.
O RATO FOI RÁPIDO PARA A RÚSSIA.
GANHOU UM RELÓGIO DO REI E ROEU A RENDA ROXA DA RAINHA RANIA.

Fonte: Educamarket. Disponível em: https://educamarket.com.br/produto/sequencia-didatica-trava-lingua-o-rato-roeu-a-roupa-do-rei/. Acesso em: 10 maio 2024

Figura 12 – Tira de Mafalda contendo aliteração

Fonte: Disponível em: https://arquiivosecreto.blogspot.com/2013/06/atividade-em-sala-como-fazer-analise.html. Acesso em: 10 maio 2024

> 9ª Etapa: consciência fonológica - habilidade de palavras

De acordo com Brites (2021a), é importante explicar que as palavras servem para dar nome às coisas, às pessoas, aos objetos, aos animais etc. Diversas atividades podem ser realizadas, dentre elas:

- fazer mímicas e pedir para que adivinhem;
- mostrar objetos na sala de aula e pedir para que digam o nome;
- fazer competições pra ver quem fala mais nomes de animais, cores, flores, nomes de pessoas etc.;
- brincar de jogo da memória de animais e pedir que falem alto as palavras;
- apresentar frases de parlendas ou trava línguas, pedir que falem alto e depois façam a contagem do número de palavras e pintem os espaços entre elas;
- fazer exercícios similares ao exemplo a seguir para que façam a contagem do número de palavras observando o espaço entre elas;
- Observe que essas atividades não exigem leitura, somente a disposição das palavras na frase.

Figura 13 – Atividade pedagógica de habilidade de palavras

NOME: _____

ATIVIDADE

VAMOS CONTAR AS PALAVRAS DAS FRASES? PINTE UMA BOLINHA PARA CADA PALAVRA DA FRASE.

DESENHO	FRASE	Nº DE PALAVRAS
	QUERO JOGAR BOLA. ○ ○ ○ ○ ○	
	A FLOR AMARELA CRESCE NO JARDIM. ○ ○ ○ ○ ○	
	A GALINHA BOTA OVO. ○ ○ ○ ○ ○	
	LINDO VESTIDO! ○ ○ ○ ○ ○	
	O MACACO PULA NA ÁRVORE. ○ ○ ○ ○ ○	

Fonte: Pinterest. Disponível em: https://br.pinterest.com/pin/406942516343768902/. Acesso em: 10 maio 2024

- Conforme o exemplo a seguir, solicite que recortem a frase e colem nos espaços destinados. É interessante observar que, mesmo a criança não sabendo ler, pode realizar esse exercício, pois precisa colar nos espaços que possuem o mesmo tamanho das palavras. Após realizada a atividade, ler com as crianças. Segue abaixo imagens ilustrativas retirada de Brites (2021b):

Figura 14 – Atividade pedagógica de habilidade de palavras

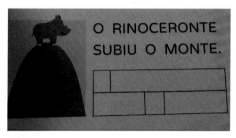

Fonte: Brites (2021b)

De acordo com Brites (2021a), a criança deve repetir o som das palavras de acordo com a sequência, seguindo o exemplo. É importante enfatizar a sonoridade das palavras e a pausa entre uma palavra e outra. Ela deve fazer a colagem seguindo a ordem da frase e recitando em voz alta cada palavra. O exercício não pode ser feito de maneira mecânica.

10ª Etapa: consciência fonológica- habilidade de sílabas

De acordo com Brites (2021a), após desenvolver a habilidade com as palavras, é necessário que a criança seja estimulada a reconhecer as sílabas das palavras.

A consciência silábica se refere a capacidade de manipular de forma consciente as sílabas que formam a palavra por meio de diversas tarefas, a síntese silábica, a segmentação silábica, a detecção de sílabas, a transposição silábica, a reversão silábica, a exclusão fonêmica e a detecção de fonemas. Essas habilidades são metafonológicas, ou seja, de consciência fonológica (Cardoso-Martins, 1991).

O trabalho com as habilidades metafonológicas no âmbito das sílabas consiste em separar as sílabas da palavra solicitada, de preferência sem bater palmas. Sugere-se contar nos dedos ou contar objetos, como lápis de cor. Após essa etapa, compara-se o tamanho das palavras conforme o número de sílabas. Depois, identifica-se as palavras que tem início com a mesma sílaba e percebe-se a sonoridade das palavras. Na sequência, identificam-se as palavras que terminam com o mesmo som e manipulam-se o som das palavras.

Para que se possa explorar a habilidade metafonológica de sílabas, de acordo com Cielo (2001) seguem alguns elementos que precisam ser trabalhados com a criança:

- **Síntese silábica**: tem como objetivo analisar a habilidade da criança realizar de forma auditiva a junção das sílabas que lhes são ditas oralmente. Exemplo: "Vou falar as palavras como um robô e você deve adivinhar o que é dito" (Cielo, 2001, p. 73).

- **Segmentação silábica**: esse elemento visa avaliar a habilidade em separar oralmente as palavras em sílabas e contar as unidades silábicas da palavra. Exemplo: "Agora é sua vez de falar como um robô" (Cielo, 2001, p. 74).

- **Detecção de sílabas**: esse elemento tem como objetivo verificar se as crianças têm a habilidade de perceber e também localizar sílabas dentro de palavras ditas oralmente. Por exemplo, "vou dizer algumas palavras, sendo que duas começam com a mesma sílaba, ou pedacinho, diga quais são elas" (Cielo, 2001, p. 74).

- **Transposição silábica**: A finalidade desse elemento metafonológico é trocar a ordem das sílabas, desconfigurar a palavra, para que a criança perceba que a palavra não é uma simples junção de sílabas, mas que precisa de sentido. Exemplo: "Vou misturar os pedacinhos da seguinte palavra e você diz se formou uma nova palavra ou não" (Cielo, 2001, p. 58).

- **Reversão silábica**: O objetivo desse elemento é observar a habilidade da criança segmentar, manipular e também juntar sílabas de palavras as quais são apresentadas oralmente. Exemplo: "Vou dizer as sílabas, ou seja, os pedacinhos das palavras de trás para frente e você fará a tentativa de colocar na ordem para formar a palavra" (Cielo, 2001, p. 75).

- **Exclusão fonêmica**: Nesse elemento, o objetivo é avaliar a habilidade da criança em excluir um fonema (sílaba) de determinadas palavras e com isso formar novas palavras. Exemplo: "Se eu tirar a sílaba X da palavra o que sobra? Você ouve outra palavra?" (Cielo, 2001, p. 76).

- **Detecção de fonemas**: Tem como finalidade analisar a habilidade da criança em perceber e localizar fonemas em palavras orais. Exemplo: "Vou dizer algumas palavras. Destas, duas começam com o mesmo som e uma não. Quais começam com o mesmo som?" (Cielo, 2001, p. 76).

Um aspecto interessante que pode ser observado durante as atividades com habilidade de sílabas é o realismo nominal. Segundo Cielo (2001), o realismo nominal consiste na característica do pensamento infantil em distinguir o signo da coisa significada. Esse conceito foi definido por Piaget (1986), que explica o realismo nominal como a forma de compreender as palavras. Nesse caso, a criança não considera o tamanho das palavras dado pelo número de sílabas, mas sim pelo sentido semântico da palavra, ou seja, seu significado. Por exemplo, a criança entende que a palavra "leão" tem mais sílabas que a palavra "formiguinha", pois pensa no tamanho e porte do leão em comparação com uma formiga, que é pequenina.

É importante destacar que a habilidade de consciência silábica deve ser trabalhada antes da consciência fonêmica, isso porque a sílaba contém um pico acústico no campo da discriminação auditiva das partes da palavra (Cielo, 2001). Por isso, é necessário explorar muito bem todos os elementos da habilidade metafonológica de sílabas antes de introduzir a consciência fonêmica. Segundo Cardoso-Martins (1991), ocorre um visível aumento da dificuldade em passar da discriminação de sílabas para a habilidade de consciência fonêmica.

Nessa etapa de trabalho com habilidade de sílabas, é possível fazer diversas atividades, tais como:

- Mostre figuras diversas e peça para que as crianças falem o nome em voz alta. Depois, pedir para falarem pausadamente, pedacinho por pedacinho. Na sequência, use palitos ou lápis de cor e conte pausadamente cada pedaço. Sugere-se evitar bater palmas, pois o som da sílaba com o som das palmas pode confundir a atividade neural de discriminação auditiva.

- A figura a seguir sugere atividades de consciência silábica com base em Brites (2021b):

Figura 15 – Atividade visando habilidade de consciência silábica

Fonte: Brites (2021b)

Considerando que a consciência fonológica de habilidade de sílaba é a capacidade de perceber que palavras são formadas por associação de sílabas, as quais podem ser manipuladas, é importante exercitar a acuidade auditiva em perceber os pedacinhos das palavras. Segue um exemplo extraído da *web*:

Figura 16 – Atividade pedagógica de habilidade de consciência silábica

Fonte: Coruja Pedagógica. Disponível em: https://corujapedagogica.com/complete-as-palavras-consciencia-fonologica-e-separacao-de-silabas/. Acesso em: 10 maio 2024

> 11ª Etapa: consciência fonológica - habilidade de consciência fonêmica

É importante não confundir consciência fonológica com consciência fonêmica. Segundo Brites (2021a), a consciência fonêmica é o nível mais avançado da consciência fonológica, pois se refere à capacidade de manipulação dos sons na formação de cada fonema da palavra. O ensino explícito dessa habilidade pode eliminar problemas futuros de leitura. Os fonemas são unidades sonoras que compõem a fala, enquanto as letras são os sinais gráficos que tornam possível a escrita. Todavia, a habilidade de consciência fonêmica não requer o uso de letras, somente a manipulação dos sons.

Esta fase abre caminhos para o ensino do código alfabético, na relação entre grafema-fonema. De acordo com a literatura sobre consciência fonológica, os autores concordam que deve haver um passo a passo no trabalho com as habilidades até se chegar no nível de consciência fonêmica. Inicia-se com as rimas e aliterações, depois habilidades de palavras e sílabas e, por fim, pelas habilidades de consciência fonêmica.

De acordo com Cielo (2001), essa habilidade deve desenvolver-se em função da alfabetização, por volta dos 6 ou 7 anos de idade, visando condições para que a criança compreenda a relação grafema-fonema de uma forma mais sofisticada.

Ainda segundo a autora, é preciso explorar ao máximo essa habilidade. Para isso, ela apresenta alguns elementos que precisam ser trabalhados: a exclusão fonêmica, a detecção de fonemas, a síntese fonêmica, a segmentação fonêmica e a reversão fonêmica.

Assim como a habilidade metafonológica de sílabas pressupõe elementos a serem explorados, a autora Cielo (2001) sugere intervenções passo a passo que devem ser feitas para ativar a consciência fonêmica. Lembrando que essas atividades se referem ao som de cada grafema que compõe a palavra:

- **Exclusão fonêmica**: o objetivo consiste em avaliar a habilidade do sujeito em excluir um fonema de determinadas palavras, formando outras palavras. Exemplo: "Se eu tirar o fonema x da palavra y, o que sobra?" (Cielo, 2001, p. 76).
- **Detecção de fonemas**: esse elemento tem como finalidade analisar a habilidade da criança em perceber e localizar fonemas em palavras orais. Exemplo: "Vou dizer algumas

palavras e destas duas começam com o mesmo som e uma não. Quais começam com o mesmo som?" (Cielo, 2001, p. 76).

- **Síntese fonêmica**: o objetivo desse elemento é avaliar a habilidade em juntar fonemas isolados apresentados oralmente para formar palavras. Exemplo: "Vou falar como um robô. Tente adivinhar a palavra que o robô diz" (Cielo, 2001, p. 77).

- **Segmentação fonêmica**: esse elemento visa identificar se a criança consegue segmentar as palavras em pequenos sons (fonemas) de palavras orais. Exemplo: "Agora eu vou falar a palavra e você vai dizê-la como um robô soletrando cada som" (Cielo, 2001, p. 78).

- **Reversão fonêmica**: a finalidade desse elemento é avaliar a habilidade da criança em segmentar palavras em fonemas, em manipular e juntar fonemas de palavras apresentadas oralmente, além de sua habilidade em modificar os valores fonético-fonológicos dos fonemas com base em seu domínio do código alfabético. Exemplo: "Vamos dizer as palavras de trás para frente para ver no que dá". Esse é um dos elementos mais difíceis pois requer um elevado nível de abstração (Cielo, 2001, p. 78).

Diante do exposto, verifica-se que as habilidades de consciência fonológica podem ser avaliadas de múltiplas formas, em distintos graus e níveis de dificuldade. Todavia, é importante abordar diversos elementos, sobretudo no ensino das habilidades de sílabas e consciência fonêmica. Tudo isso é primordialmente necessário para preparar a criança ao processo de trabalho com o princípio alfabético, quando se introduzem as letras e a relação grafema-fonema, conforme será visto na próxima etapa.

12ª Etapa: princípio alfabético

O princípio alfabético é o entendimento de que as palavras são compostas por letras e que estas representam sons. De acordo com Brites (2021a), para que ocorra o processo de alfabetização, é importante que as crianças tomem consciência dos sons das palavras, ou seja, compreendam que as palavras são compostas de sons (fonemas). Segundo Silva (2020), é possível alfabetizar rapidamente uma criança, desde que se entenda o funcionamento do cérebro infantil, por meio de estímulos corretos ao cérebro para que possam aprender. Dehaene (2012) expõe que, diante de várias pesquisas sobre o processo de aprendizagem da leitura pelo cérebro, o método mais eficaz de alfabetização é o fônico. Esse método parte do ensino das letras e da correspondência fonética de cada uma delas. Os estudos revelam que a criança alfabetizada por esse método aprende a ler de forma mais rápida e eficiente.

Para Capovilla e Capovilla (2005), na etapa do princípio alfabético, o professor apresenta a letra, diz seu nome e trabalha o som de cada uma, iniciando pela junção consoante-vogal para formar sílabas simples ou canônicas.

O método fônico trabalha muito bem essa relação grafofonêmica e é recomendado por diversos autores para consolidar a rota fonológica. Silva (2020) diz que o método fônico segue os pressupostos da neurociência, portanto, é o que se justifica como ideal para alfabetização, respaldado por estudos científicos. Capovilla e Capovilla (2005) publicam um livro, quase como uma cartilha, que apresenta diversas atividades, mostrando passo a passo como trabalhar o princípio alfabético. Dehaene (2012) enfatiza que o método fônico é o mais adequado para expor a relação grafofonêmica. Brites (2021b) escreveu um livro mostrando, de forma didática, o passo a passo para alfabetizar, iniciando pela consciência fonológica e depois culmina com o princípio alfabético.

Quando o professor focaliza o nome da letra, a criança pode cometer equívocos, como achar que "galinha" se escreve com H. ou que "cachorro" se escreve com K. Isso porque sua única referência sonora é o nome da letra. Por isso, no princípio alfabético, deve-se priorizar os sons das letras e inserir gradativamente o nome e a forma de cada letra. O foco deve ser a relação grafofonêmica.

No caso de crianças com dificuldade de processamento auditivo, Transtorno do Espectro Autista não verbal ou mutismo seletivo, é possível trabalhar o método Boquinhas. Esse método se configura como uma variação do método fônico, mas utiliza, além do som, o movimento fonoarticulatório da boca e imagens de bocas representando o movimento para cada som do alfabeto.

É importante ressaltar que, de acordo com a Wikipédia, o alfabeto é o conjunto de letras que utilizamos para a escrita e que reproduzem os sons da fala. A escrita pode ser classificada como fonética, dada a sua especificidade de representar os fonemas por meio de determinados símbolos.

Verifica-se, então, que o próprio conceito de alfabeto já pressupõe a relação grafofonêmica. Ademais, a BNCC também coloca a importância dessa relação. Dito isso, é relevante, na prática, valorizar essa articulação grafofonêmica, mesmo que algumas atividades não representem, necessariamente, uma relação com o contexto social. O trabalho com o princípio alfabético pressupõe se despir de preconceitos pedagógicos acerca do método fônico. Cabe focar exclusivamente no som e dar sentido às atividades e brincadeiras, como a contação de histórias, a representação de palavras, a segmentação, as junções sonoras, a formação de sílabas e a retomada de atividades com rimas e aliterações. Nessa etapa, a articulação com o letramento pode se dar por meio de contação de histórias utilizando-se literatura infantil, ou ainda, parlendas e trava-línguas.

Como sugestão para iniciar o princípio alfabético, segue uma historinha criada por Rosana Aparecida Dea Klen em 2023. Essa história deve ser contada com ênfase na sonoridade das palavras, na brincadeira com as sílabas e na apresentação das letras de forma bem lúdica.

Por ser o momento de apresentar a lógica grafofonêmica, sugere-se criar um ambiente bem agradável e acolhedor, preferencialmente com colchonetes ou semicírculo com as cadeiras.

Uma proposta interessante é utilizar a história *Letras na floresta*, de Rosana Aparecida Dea Klen. A referida história apresenta, de forma divertida, a relação grafofonêmica como possibilidade de trabalhar o princípio alfabético.

LETRAS NA FLORESTA

Havia uma linda floresta cheia de árvores e animais. Um dia, a abelha saiu feliz e contente cantando A ABELHA ALEGRINHA TIRA O PÓLEN FAZ O MEL.

Ela foi tirar pólen das flores pra fazer mel e encontrou um espelho. Mas ela não sabia que era um espelho mágico.

Então ela tacou o ferrão no espelho e acabou quebrando-o.

E...

No exato momento que isso aconteceu, a abelha que voava, caiu no chão gritando A A A e só isso ela falava.

Ela num passe de mágica virou a letra A.

E começou a vagar na floresta chorando:

A A A A

A A A A

Se sentia sozinha, pois só ouvia A.

Até que caiu e tropeçou no R que dormia e Roncava RRRRR

No exato momento que encostou no R

Ao invés de chorar começou a rir RA RA RA RA RA

Então ficou espantada com o som que sua letra virou até que apareceu o Ó admirando e olhando a floresta Ó Ó Ó Ó. Logo o dorminhoco do R se irritou e ao chegar perto virou RÓ RÓ RÓ e depois RÔ, RÔ, RÔ

Parecia risada de papai noel.

Foi nessa hora que o A entendeu:

Que ao juntar as letrinhas, ELAS FAZEM UM SOM ESPECIAL!

EI O QUE VOCÊS ACHAM DE JUNTARMOS LETRINHAS? VAMOS BRINCAR?

Se você juntar a letrinha M com a letrinha A vai dar: MA

> E depois se juntar C com a letrinha A vai dar CA
> E então se juntar C com a letrinha O vai sair CO
> E se juntar tudo o que vai acontecer?
> Um animal vai aparecer:
> MA CA CO
> Então nessa hora o macaco apareceu na floresta.
> O que vocês acham de juntar as letrinhas pra abelhinha aparecer na floresta?
> Então vamos lá peça pra sua professora te ajudar.
> Poxa que legal. Com o alfabeto você escreve todas as palavras do mundo. Escreve o nome de todos animais da floresta e você nem precisa de espelho mágico.

Nota: em breve, essa história será publicada com ilustrações para ser contada para as crianças.

Nesse momento da história, apresente diversas letras do alfabeto, faça o som de cada letra e, gradativamente, forme valores sonoros por meio de sílabas. Explore ao máximo essa lógica e, a partir dela, proceda com as aulas seguintes.

Segundo Brites (2021a, 2021b), o princípio alfabético deve ser trabalhado inicialmente com sílabas canônicas (simples), seguindo uma sequência para a apresentação das letras, ou seja:

> Vogais: A-E-I-O-U
> Consoantes: M-L-P-V-B-T-F-N-D-R-J-S-G-C-Q-H-Z-X-W-Y-K

Essa sequência é validada pelo método fônico, pois principia-se por letras de sons abertos e de fácil emissão fonoarticulatória. Na prática, os professores costumam seguir a ordem alfabética devido à preocupação com a nomeação das letras. Nomear é importante, mas o fundamental é o som. Por isso, sugerimos a ordem descrita acima.

Brites (2021b) propõe algumas atividades bem interessantes para o trabalho com o princípio alfabético. Seguem alguns exemplos extraídos de seu livro, os quais podem ser facilmente adaptados. As imagens a seguir revelam sugestões de atividades com a letra "A". É importante lembrar que, mesmo havendo exercícios de desenho da letra, o objetivo não é a escrita, mas sim a apresentação da letra.

Figura 17 – Atividade pedagógica introdutória com a letra A – **1**

Fonte: Brites (2021b)

Figura 18 – Atividade pedagógica introdutória com a letra A – **2**

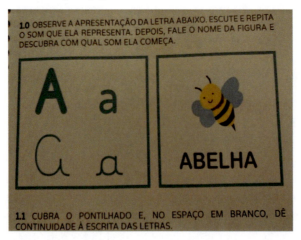

Fonte: Brites (2021b)

Figura 19 – Atividade pedagógica introdutória com a letra A – **3**

Fonte: Brites (2021b)

Figura 20 – Atividade pedagógica introdutória com a letra A – **4**

Fonte: Brites (2021b)

Figura 21 – Atividade pedagógica introdutória com a letra A – **5**

Fonte: Brites (2021b)

Percebam que essas atividades não visam relações históricas e culturais; essas são outras facetas, segundo Magda Soares (2004), que serão utilizadas no letramento. O objetivo do trabalho com o princípio alfabético é exclusivamente o som, ainda que seja possível ler textos e utilizar rótulos. Portanto, não se preocupe se as atividades não focam facetas interativas e socioculturais. Lembre-se de que, nessa etapa, o respaldo teórico científico são as neurociências, com ênfase na faceta linguística, conforme diz Soares (2016).

À medida que as letras do alfabeto e seus sons vão sendo explorados, sugere-se elaborar fichas de leitura abrangendo as sílabas trabalhadas.

Sugere-se fazer leituras coletivas e individuais, sem preocupação com a escrita. Também é possível gravar áudio da criança lendo e, depois de um tempo, comparar sua fluência.

Após o princípio alfabético, o próximo passo é investir nas práticas de letramento, com ênfase nas facetas interativa e sociocultural. A BNCC enfatiza acerca da importância do letramento.

A língua tem duas dimensões: é oral e escrita. Assim, sua aprendizagem considera o contínuo entre oralidade e escrita: na alfabetização, em que o oral é representado por notações (letras e outros signos), nos usos sociais da língua oral e nos usos sociais da leitura e da escrita – **nas práticas de letramento**. A meta do trabalho com a Língua Portuguesa, ao longo do Ensino Fundamental, é a de que crianças, adolescentes, jovens e adultos aprendam a ler e desenvolvam a escuta, construindo sentidos coerentes para textos orais e escritos; a escrever e a falar, produzindo textos adequados a situações de interação diversas; a apropriar-se de conhecimentos e recursos linguísticos – textuais, discursivos, expressivos e estéticos – que contribuam para o uso adequado da língua oral e da língua escrita na diversidade das situações comunicativas de que participam (Brasil, 2018, p. 63).

13ª Etapa: letramento

Conforme já exposto neste estudo, o letramento, segundo Soares (2004), é a habilidade de saber ler e escrever de acordo com o contexto das práticas sociais que envolvem a leitura e a escrita, as quais se pautam na linguagem como produto cultural e social. Uma pessoa alfabetizada tem habilidades que lhe permitem ler, enquanto uma pessoa letrada desenvolve a habilidade de usar a leitura e a escrita de acordo com as demandas sociais. O letramento, portanto, torna o indivíduo capaz de organizar discursos, interpretar e compreender textos, de modo a refletir sobre eles. Convém ressaltar que, durante o processo de alfabetização, é importante trabalhar a correspondência grafofonêmica e também letrar, ou seja, ensinar o princípio alfabético e, aos poucos, apresentar textos que circulam na prática social. Após a utilização da faceta linguística, quando a criança já consegue decodificar, sugere-se utilizar a faceta sociocultural, como diz Soares (2016). Mais uma vez, importa enfatizar, que essa autora também valoriza a faceta linguística, ou seja, a relação grafofonêmica.

Quando a criança consegue decodificar e dominar o princípio alfabético, sugere-se utilizar a faceta sociocultural, ou seja, estabelecer relações diretas com os textos que circulam nos campos da vida social, conforme preconiza a BNCC.

Seguindo a rota de alfabetização, após o princípio alfabético, espera-se que as crianças já estejam decodificando. Nessa etapa, convém dar ênfase ao letramento, ou seja, dar sentido e significado social e cultural ao texto.

O primeiro passo para letrar é selecionar os gêneros textuais que circulam nos campos da vida pública, como relata a BNCC. Existem diversos gêneros textuais.

Quadro 1 – Gêneros textuais

GÊNEROS	GÊNEROS
INFORMATIVOS	Notícias, reportagem, entrevista, pesquisa de opinião, biografia
PUBLICITÁRIOS	Propaganda, anúncio, classificado, folders, cartazes, capa de revista, outdoors
INSTRUCIONAIS	Receitas, instruções de jogos, manuais, rótulos
CIENTÍFICOS	Definição de verbetes, notas de enciclopédia
HUMORÍSTICOS	Tiras, história em quadrinhos, piadas, anedotas, charge
EPISTOLARES	Carta, bilhete, cartão, convite, aviso
LITERÁRIOS	Narrativas ficcionais, conto, fábula, lenda, letra de música, poema, peça teatral, crônica
FOLCLÓRICOS	Trava-língua, advinhas, quadrinhas, cantigas de roda, parlendas, provérbios
DE OPINIÃO	Resenha crítica
DESCRITIVO	Diário, descrição

Fonte: Bazerman (2020)

Nem todos os gêneros são adequados para se trabalhar com turmas de 1º e 2º ano do Ensino Fundamental (anos iniciais). Assim, em conformidade com a BNCC, no quadro de habilidades do 2º ano, seguem algumas sugestões de gêneros mais apropriados: literatura infantil, fábulas, lendas, contos, letras de música, poema, tirinhas, quadrinhos, piadas e anedotas, trava línguas, parlendas, cantigas de roda, cartas, bilhetes, cartões e convites.

A seguir, algumas sugestões de atividades para trabalhar o letramento, conforme preconiza a BNCC, orientadas para o 2º ano do Ensino Fundamental (anos iniciais).

- Roda de leitura (literatura infantil): contação de histórias

A roda de leitura é uma atividade que aguça a curiosidade e interesse das crianças. É possível abordar os mais diferentes conteúdos infantis, como fábulas, contos e lendas, e adaptá-las utilizando recortes, colagens, desenhos e pinturas de forma a chamar a atenção das crianças. É possível ler livros, e mostrar as imagens ou se vestir de personagens para contar histórias.

- Livrão (literatura infantil)

Os livrões podem ser confeccionados com grandes folhas de cartolina ou papel bobina.

Esses materiais, construídos coletivamente, são utilizados para promover a alfabetização e o letramento. O professor pode utilizar um livro, explorar e, depois, confeccionar livrões com a participação da turma. Trabalha conteúdo, significado das palavras, estrutura do livrão, capa, ilustrações, escrita, conceito de impressão e depois pede que a criança escreva seu livreto individual utilizando escrita, desenhos, colagens e ilustrações.

- Explorar rótulos de embalagens

Outra forma de mostrar a importância da alfabetização e letramento é a partir de rótulos de embalagens. Eles têm um simples objetivo: informar e instruir sobre o uso do produto. Essa é uma atividade de alfabetização diferenciada, uma vez que, não apenas as letras habituais estão sendo expostas, mas também símbolos e imagens que representam uma ideia. Em especial, as crianças que estão começando a se interessar pela leitura, pode ser uma boa oportunidade de distração enquanto a família faz compras no supermercado.

- Mercadinho: vamos às compras

Brincar de mercadinho é uma boa opção para trabalhar lista de compras e, ao mesmo tempo, dar um sentido sociocultural. Sugere-se o uso de encartes de supermercados, nos quais as crianças recortam os produtos e preços e, depois, podem colar em um cartaz. Na sequência, fazem uma lista de compras com os produtos selecionados. Nessa brincadeira também dá para explorar o preço dos produtos e o valor total da compra. Em matemática, é possível trabalhar o sistema monetário.

- Criar um diário: meu diário

Não apenas a leitura faz parte das atividades de alfabetização e letramento, mas o exercício da escrita também deve compor esse conjunto de ensinamentos. Por isso, o diário é uma excelente opção. O diário tem o intuito de ser algo pessoal, que vai contribuir para o exercício da escrita livre, e despreocupada com criatividade.

- Bilhetes e cartões

Os bilhetes e cartões são clássicos usados para promover a alfabetização e o letramento. Professores e responsáveis podem incentivar a produzirem cartões de mensagem e recadinhos para diferentes momentos. Em épocas comemorativas podem ser feitas mensagens para Dia das Mães, O Dia dos Pais ou até cartinhas para o Papai Noel, por exemplo.

- Brincando de quadrinhos

As histórias em quadrinhos podem gerar atividades muito divertidas. Leia histórias em quadrinhos projetadas em telão de multimídia e, depois, peça para as crianças recortarem figuras que serão os personagens. Peça para manusearem em duplas as figuras e inventarem as falas dos personagens. Após explorar bastante as figuras, solicite que colem em folhas em formato de livreto e, ao final, escrevam os balões com as falas.

- Encanto e poesia

Brinque com a turma de recital de poesias. Primeiro, o professor lê para a turma e depois, faz um jogral com a participação de todos os pequenos grupos. Exercite a oralidade, para que recitem em voz alta. É uma tarefa bem interessante.

- Nó na linguaruda: trava línguas

A Linguaruda, confeccionada em E.V.A, com uma língua comprida, está ilustrada neste livro. É uma opção divertida para trabalhar com trava-línguas. O professor pede para falar a trava-língua e, se a criança se atrapalhar, dá um pequeno nó na Linguaruda.

> - Brincando de telejornal: notícia
>
> Utilize um lençol para criar o cenário de um telejornal e invente. Transmita notícias diversas aos alunos e também peça que assistam em casa. Na sequência, dramatize a cena de um telejornal com as notícias assistidas. Não se esqueça de filmar: luzes, câmera, ação!
>
> - Receitas deliciosas da mamãe ou da vovó
>
> Indague às crianças se as mamães ou vovós fazem comidas gostosas e oriente-as a pedirem as receitas. Depois, confeccione um caderninho e solicite que as crianças registrem as receitas obtidas.

Fonte: a autora (2024)

O letramento torna o indivíduo apto a organizar discursos, interpretar, compreender e refletir sobre textos. Por isso, a importância de explorar os gêneros textuais e, nesse processo, aprofundar o uso da leitura e da escrita.

14ª Etapa: fluência de leitura e competência de compreensão leitora

De acordo com Teixeira (2023), um leitor fluente é aquele que consegue "deslizar" pelo texto, ou seja, não precisa dar intensas pausas na leitura para poder decifrar o que está escrito, nem retornar às palavras já lidas para assim corrigir algum erro. A fluência em leitura é, portanto, a capacidade de ler sem deslizes, sem muitas pausas, de modo a compreender o que foi lido. Essa habilidade é fundamental para a aprendizagem da leitura, pois ultrapassa a mera decodificação grafema-fonema.

Para que a criança desenvolva a habilidade de fluência de leitura e competência de compreensão leitora, sugere-se algumas atividades, tais como:

- Instigar as crianças a ler em voz alta.
- Ouvir e acompanhar gravações em áudio, perceber a sonoridade das palavras e a habilidade de leitura.

- Fazer leitura em duplas abrangendo sequências de histórias.
- Promover práticas de recital de poesias.
- Fazer leituras em coral com letras de música e aos poucos ensaiar o ritmo.

Essas práticas metodológicas favorecem a habilidade de fluência e, como consequência, a compreensão da leitura.

A compreensão da leitura é, portanto, uma atividade cognitiva complexa que envolve inúmeras habilidades e formas diferenciadas de processamento, dentre as quais as habilidades de decodificação e de compreensão da língua oral (Gough; Tunmer, 1986).

Para exemplificar a relevância do trabalho com compreensão leitora, seguem algumas estratégias práticas:

- Fazer a leitura e em seguida explicar o que leu.
- Ler o texto e em seguida elaborar perguntas sobre o assunto para os demais colegas responderem.
- Utilizar um dicionário sempre que se deparar com uma palavra nova, depois explicar o sentido da palavra e registrar.
- Fazer breves resumos em cartões de textos lidos.
- Elaborar mapas mentais e explicar aos colegas.
- Trabalhar com gêneros textuais e explorar sua estrutura, autor, interlocutor.
- Realizar leituras em pequenos grupos e solicitar que cada membro do grupo explique em voz alta o que leu.

Abaixo textos lúdicos para exercitar a Fluência de Leitura dos autores Cecília Meireles e Elias José:

JOGO DE BOLA

A BELA BOLA ROLA.

A BELA BOLA DO RAUL.

BOLA AMARELA,

A DA ARAMELA

A DO RAUL,

AZUL.

ROLA A AMARELA

E PULA A AZUL.

(Cecília Meireles)

O PATO

O PATO PERTO DA PORTA
O PATO PERTO DA PIA
O PATO LONGE DA PATA
O PATO PIA QUE PIA.

O PATO LONGE DA PORTA
O PATO LONGE DA PIA
O PATO PERTO DA PATA
É UM PATO QUE NEM PIA.

(Elias José)

EPÍLOGO

> *R é uma jovem de 16 anos advinda da Venezuela. A mesma passou por várias escolas, o que limitou sua possibilidade de aprender a ler e escrever. Outro fator preponderante é que aos 13 anos essa jovem foi diagnosticada com Transtorno do Espectro do Autismo e Deficiência Intelectual Moderada. Os professores admitem o quanto é esforçada, mas estava no 9º ano com muita dificuldade de decodificar as palavras. E foi assim que essa menina chegou para mim.*

A R apareceu em minha vida em um momento muito oportuno, pois eu estava cursando pós graduação em Neuropsicopedagogia e decidi escrever um projeto de pesquisa sobre neuroalfabetização. Também busquei me aprofundar na Ciência Cognitiva da Leitura. Diante desse baú de saberes, aceitei o desafio de aplicar meus conhecimentos na prática e alfabetizar a R. Nos primeiros três meses, tudo correu muito bem. Consegui formar circuitos neurais de memória usando estratégia de incessante exercício de decodificação. Os resultados foram visíveis, e tudo indicava que, em mais 3 meses, R estaria alfabetizada. Mas, não foi assim, pois a situação de vulnerabilidade da jovem a levou para um acolhimento institucional, e por vários meses não foi possível prosseguir com o projeto. Passado um tempo, a menina foi desacolhida e, então, tudo recomeçou. Eu pensava que teria que principiar com os conteúdos de consciência fonológica e formar toda a base para o processo, mas não foi assim. Fiz novas sondagens de leitura com R e fiquei surpresa com os resultados. A jovem conseguia decodificar e, na medida em que consolidava a leitura, percebi habilidades de fluência leitora e compreensão.

A minha empolgação e a da jovem foram tamanhas que ensaiamos uma peça de teatro na qual R contou história e leu um livro para suas colegas e professores. Foi um dia de orgulho e sensação de vitória, mas não acabou. Numa outra etapa, foquei na escrita. Trabalhei o letramento e diversos gêneros textuais, tais como a escrita de bilhetes e cartas para suas melhores amigas e a confecção de livrinhos, tudo com significado sociocultural, como nos diz Soares (2016).

A história de R é uma inspiração para dizer, sem ressalvas, que a alfabetização articulada à neurociência é o caminho mais indicado para o ensino da leitura e da escrita, e funciona muito bem para crianças neurotípicas e também para crianças neuroatípicas.

Convém explicitar que os capítulos que compõem este livro buscam, de forma didática, operacionalizar os caminhos para a alfabetização. Utiliza-se de referenciais teóricos que esclarecem o que é neurociência e Ciência Cognitiva da Leitura. Também, elucidam, de forma bem detalhada, o que é consciência fonológica e quais habilidades devem ser asseguradas para se desenvolver a consciência fonológica.

No que se refere ao passo a passo, tão bem explicado no corpo deste livro, cabe retomar alguns aspectos. O primeiro é o diagnóstico inicial, ou seja, importa conhecer todas as crianças, ler seus laudos e relatórios escolares e, ao identificar os neuroatípicos é primordial que a equipe pedagógica faça uma anamnese com questões que não foquem somente nas limitações e dificuldades, mas também nas habilidades.

Um outro ponto importante é o trabalho com as habilidades de consciência fonológica, como rima, aliteração, palavras, sílabas e consciência fonêmica. Essas habilidades constituem a fundação estruturante do trabalho de alfabetização. O ideal é que sejam trabalhadas na pré-escola, mas, caso isso não ocorra, recomenda-se realizar nos primeiros meses das turmas de 1º ano do Ensino Fundamental. Segundo Morais (2023), o primeiro ano do ciclo de alfabetização é uma etapa essencial para que a criança seja ajudada a desenvolver as habilidades metafonológicas, para que possa progredir na compreensão das relações entre as partes orais da língua e as partes escritas.

As evidências científicas que dão sustentação a esse estudo começaram a ser disseminadas na década de 1960 nos Estados Unidos, o qual elaborou o primeiro grande relatório científico sobre as habilidades preditoras e abordagem de ensino para a alfabetização. O documento foi produzido por Jeanne Chall, professora da Universidade Harvard, que publicou em 1967 o livro *Learning to Read: The Great Debate*. Nessa obra, Chall revelou quais abordagens eram mais eficazes para o ensino da leitura e da escrita e diante de suas pesquisas concluiu pela abordagem fônica, na qual recomenda o ensino sistemático e explícito abrangendo as relações entre grafemas e fonemas (Brasil, 2019).

A consciência fonológica é o caminho para se introduzir o princípio alfabético. Isso significa que a alfabetização não deve iniciar com a apresentação de letras e palavras escritas. O ensino da leitura e da escrita não pode ser confundido com uma panaceia de uso escrito das palavras e letras para remediar o processo de alfabetização. Ao contrário, é importante frisar que, nesse processo, importa destacar os sons. Por isso, muitos estudiosos acreditam na consciência fonológica como a chave explicativa para a aprendizagem da leitura e da escrita.

No entanto, o que vale são as escolhas intencionais de qual o caminho se deve seguir. E nesse caminhar, o que se verifica nas pesquisas é que os cursos de formação de professores interpretam o conceito de letramento de forma equivocada, focando o processo de aquisição da leitura única e exclusivamente no texto, com destaque para a faceta sociocultural. Com isso, se esquecem por completo da faceta linguística e colocam o texto como centro do processo, com vistas a alfabetizar num método global com base em frases, textos e palavras. Diversos autores questionam essa forma de ensino, pois não se sustenta em bases científicas e, mais, sequer se sustenta nas premissas do letramento.

As escolhas implicadas na elaboração deste livro, passaram por um minucioso estudo das evidências, respaldadas sobretudo em Dehaene (2012), Brites (2021), Morais (2023), Política Nacional de Alfabetização – PNA (Brasil, 2019) e Base Nacional Comum Curricular (Brasil, 2018) que prevê a consciência fonológica e a consciência grafofonêmica nos quadros do 1º, 2º e 3º anos do Ensino Fundamental.

Para concluir, é válido ressaltar o quanto acredito no trabalho diferencial de nossos professores. Os docentes são estrelas que iluminam os caminhos de seus alunos. Suas formas de ensino podem revelar inúmeras possibilidades de aprendizado. Por isso, defendo um bom trabalho de formação continuada.

A formação continuada é um processo de capacitação contínua e tem como objetivo ampliar e atualizar saberes. Penso que, se há falhas no âmbito da formação inicial, é possível corrigir os rumos por meio da formação continuada, e mostrar novos processos guiados por pesquisas científicas inovadoras. Na educação, precisamos nos apropriar dos novos conhecimentos produzidos, desde que sejam validados por evidências científicas.

Precisamos buscar um caminho seguro para alfabetizar nossas crianças, pois algo precisa ser feito de forma refinada, cuidadosa e cientificamente embasada. Nesse sentido, sinto que faço parte desse caminho, por meio das minhas pesquisas, com meu sistema de crenças e valores e com este livro, a fim de disseminar saberes.

REFERÊNCIAS

AAMODT, S.; WANG, S. **Bem-vindo ao cérebro do seu filho**: como a mente se desenvolve desde a concepção até a faculdade. São Paulo: Cultrix, 2013.

ACADEMIA BRASILEIRA DE CIÊNCIAS. **Aprendizagem infantil**: uma abordagem da neurociência, economia e psicologia cognitiva. Rio de Janeiro: Academia Brasileira de Ciências, 2011.

AINSCOW, M.; FERREIRA, W. Compreendendo a educação inclusiva. Algumas reflexões sobre experiências internacionais. *In*: RODRIGUES, D. (org.). **Perspectivas sobre a inclusão**. Da educação à sociedade. Porto: Porto Editora, 2003.

ALENCAR, J. **Brincando com parlendas**. São Paulo: Paulus, 2009.

ALENCAR, J. **Brincando com trava-línguas**. São Paulo: Paulus, 2009.

ALEXANDROFF, M. C. Métodos de alfabetização no Brasil. **Cenpec**, [s. l.], 2013. Disponível em: https://www.cenpec.org.br/acervo/metodos-de-alfabetizacao-no-brasil Acesso em: 17 jul. 2023.

ALMEIDA S. S. de A. *et al.* Transtorno do espectro autista. **Revista Residência Pediátrica**, Rio de Janeiro: Universidade Fluminense, v. 8, n. 1, p. 72-7, 2018.

ALVARENGA, B. E. B. de; LUCENA, C. W. de; CAMPOS, B. da S. Transtornos do neurodesenvolvimento: compreensão, avaliação e intervenção. **Peer review**, [s. l.], 2023.

ALVES, L. M.; MOUSINHO, R.; CAPELLINI, S. A. (org.). **Dislexia**: novos temas, novas perspectivas. Rio de Janeiro: Wak Editora, 2011.

AMERICAN PSYCHIATRIC ASSOCIATION. **DSM-5**: Manual diagnóstico e estatístico de transtornos mentais. Tradução de Maria Inês Corrêa Nascimento *et al*. Revisão técnica de Aristides Volpato Cordioli *et al*. 5. ed. Porto Alegre: Artmed, 2014.

ARAÚJO, C. M. M. de. **Oficina psicopedagógica 2**: concepções de desenvolvimento e a aprendizagem. Brasília, DF: Ministério da Educação; Programa de Gestão da Aprendizagem Escolar (Gestar), 2001.

ASSOCIAÇÃO BRASILEIRA DE PSICOMOTRICIDADE. O que é psicomotricidade?. Associação Brasileira de Psicomotricidade, 2021. Disponível em: https://psicomotricidade.com.br/sobre/o-que-e-psicomotricidade/. Acesso em: 14 ago. 2023.

ASSOCIAÇÃO BRASILEIRA DE PSICOMOTRICIDADE. Psicomotricidade relacional na escola pública: inclusão, alfabetização e saúde emocional. Associação Brasileira de Psicomotricidade, [s. l.], 2019. Disponível em: https://psicomotricidade.com.br/psicomotricidade-relacional-na-escola-publica-inclusao-alfabetizacao-e-saude-emocional/. Acesso em: 14 ago. 2023.

BARTOSZECK, A. B. **Neurociência na educação**. [S. l.: s. n.], 30 jul. 2013. Disponível em: http://neuropsicopedagogianasaladeaula.blogspot.com.br/2013_07_01_archive.html. Acesso em: 27 abr. 2024.

BATISTA, M.; PESTUN, M. S. V. O Modelo RTI como estratégia de prevenção aos transtornos de aprendizagem. **Psicologia Escolar e Educacional**, Londrina, v. 23, e205929, 2019. Disponível em: https://doi.org/10.1590/2175-35392019015929. Acesso em: 18 jul. 2023.

BAZERMAN, C.; DIONÍSIO, A. P.; HOFNAGEL, J. C. (org.). **Gêneros textuais, tipificação e interação**. Tradução de Judith Chambliss Hoffnagel. 2. ed. Recife: Pipa Comunicação; Campina Grande: EDUFCG, 2020.

BEVILAQUA, M. C.; FORMIGONNI, G. M. P. O desenvolvimento das habilidades auditivas. *In*: BEVILAQUA, M. C.; MORET, A. L. M. **Deficiência auditiva**: conversando com familiares e profissionais de saúde. São José dos Campos: Pulso, 2005. p. 179-201.

BORTOLI, B. de; TERUYA, T. K. Neurociência e educação: percalços e possibilidades de um caminho em construção. **Imagens da Educação**, Maringá, v. 7, n. 1, p. 70-77, 2017. Disponível em: http://dx.doi.org/10.4025/imagenseduc.v7i1.32171. Acesso em: 27 abr. 2024.

BRANCALIONI, A. R.; BERTAGNOLLI, A. P. C.; BONINI, J. B. A relação entre a discriminação auditiva e o desvio fonológico. **J Soc Bras Fonoaudiol**, v. 24, n. 2, p. 157-161, 2012. Disponível em: https://www.scielo.br/j/jsbf/a/cRyBPznB7MMfRWyjYcGF7yN/?format=pdf&lang=pt. Acesso em: 25 maio 2024.

BRASIL. [Constituição (1988)]. **Constituição da República Federativa do Brasil de 1988**. Brasília, DF: Presidência da República, [2019]. Disponível em: http://www.planalto.gov.br/ccivil_03/constituicao/constituicao.htm. Acesso em: 14 jul. 2023.

BRASIL. **Alfabetização como liberdade**. Brasília, DF: Unesco; MEC, 2003. Disponível em: https://unesdoc.unesco.org/ark:/48223/pf0000130300. Acesso em: 24 mar. 2024.

BRASIL. Banco Mundial. **Aprendizagem para Todos**: Investir nos Conhecimentos e Competências das Pessoas para Promover o Desenvolvimento – resumo executivo. Washington DC, 2011. Disponível em: https://documents1.worldbank.org/curated/en/461751468336853263/pdf/644870WP00PORT00Box0361538B0PUBLIC0.pdf. Acesso em: 25 jul. 2022.

BRASIL. **Compromisso nacional criança alfabetizada**. Brasília, DF: INEP, Ministério da Educação, 2023.

BRASIL. Conselho Nacional de Educação. Câmara de Educação Básica. Parecer nº 11, de 7 de julho de 2010. Diretrizes Curriculares Nacionais para o Ensino Fundamental de 9 anos. **Diário Oficial da União**, Brasília, DF, 9 de dezembro de 2010, seção 1, p. 28.

BRASIL. **Decreto nº 3.298, de 20 de dezembro de 1999**. Regulamenta a Lei nº 7.853, de 24 de outubro de 1989, dispõe sobre a Política Nacional para a Integração da Pessoa Portadora de Deficiência, consolida as normas de proteção, e dá outras providências. Brasília, DF: Presidência da República, 1999. Disponível em: http://www.planalto.gov.br/ccivil_03/decreto/D3298.htm. Acesso em: 14 jul. 2023.

BRASIL. **Decreto nº 7.611, de 17 de novembro de 2011**. Dispõe sobre a educação especial, o atendimento educacional especializado e dá outras providências. Brasília, DF: Presidência da República, 2011. Disponível em: https://www.planalto.gov.br/ccivil_03/_ato2011-2014/2011/decreto/d7611.htm?msclkid=aaaefb3ba92f11ecbfb4938b9c7ce217. Acesso em: 17 set. 2014.

BRASIL. **Decreto nº 9.765, de 11 de abril de 2019**. Institui a Política Nacional de Alfabetização. Brasília, DF: Presidência da República, 2019. Disponível em: https://legislacao.presidencia.gov.br/atos/?tipo=DEC&numero=9765&ano=2019&ato=db5UTW65keZpWT07b. Acesso em: 21 abr. 2024.

BRASIL. Impactos da Pandemia na alfabetização de crianças. **Todos pela educação**, [s. l.], 2021. Disponível em: https://todospelaeducacao.org.br/wordpress/wp-content/uploads/2022/02/digital-nota-tecnica-alfabetizacao-1.pdf. Acesso em: 26 mar. 2023.

BRASIL. Instituto Nacional de Estudos e Pesquisas Educacionais Anísio Teixeira. **Relatório da pesquisa Alfabetiza Brasil**: diretrizes para uma política nacional de avaliação da alfabetização das crianças. Brasília, DF: INEP, 2023.

BRASIL. Instituto Nacional de Estudos e Pesquisas Educacionais Anísio Teixeira. **Brasil no Pisa 2018**. Brasília, DF: INEP, 2020.

BRASIL. **Lei nº 13.146, de 6 de julho de 2015**. Institui a Lei Brasileira de Inclusão da Pessoa com Deficiência (Estatuto da Pessoa com Deficiência). Brasília, DF: Presidência da República, 2015. Disponível em: http://www.planalto.gov.br/ccivil_03/_ato2015-2018/2015/lei/l13146.htm. Acesso em: 14 jul. 2023.

BRASIL. **Lei nº 9.394, de 20 de dezembro de 1996**. Estabelece as diretrizes e bases da educação nacional. Brasília, DF: Presidência da República, [2019]. Capítulo V. Disponível em: http://www.planalto.gov.br/ccivil_03/leis/L9394compilado.htm. Acesso em: 14 jul. 2023.

BRASIL. Ministério da Educação. Secretaria de Educação Especial. **Diretrizes operacionais da Educação Especial para o atendimento educacional especializado na Educação Básica.** Brasília, DF: MEC/SEESP, 2018. Disponível em: http://portal.mec.gov.br/index.php?option=com_docman&view=download&alias=428- diretrizes-publicacao&Itemid=30192. Acesso em: 14 jul. 2023.

BRASIL. Ministério da Educação. **Base Nacional Comum Curricular (BNCC).** Brasília, DF: MEC, 2018.

BRASIL. Ministério da Educação. Secretaria de Alfabetização. **PNA**: Política Nacional de Alfabetização. Brasília, DF: MEC/SEALF, 2019. 54 p.

BRASLAVSKY, B. P. Problemas e métodos no ensino da leitura. São Paulo: Melhoramentos: Ed. da USP, 1971.

BRITES, L. **Consciência** fonológica: um manual teórico e prático. Londrina: Neurosaber, 2021a.

BRITES, L. **Percepsom**: programa de atividades lúdicas para estimulação da consciência fonológica e do Princípio Alfabético. 3 ed. Londrina: Neurosaber, 2021b.

BRITES, L. **Proleia**: guia de implementação prática para a alfabetização. Londrina: Neurosaber, 2021c.

BUENO, J. M. A constituição do EU e do transtorno do espectro do autismo. *In*: VELOSO CABRAL, S.; TÁVORA, P.; BALI, M. P. **Primeiro fórum da clínica psicomotora a luz da psicanálise.** 1. ed. Buenos Aires: Corpora Ediciones, 2021.

CAPOVILLA, A.; CAPOVILA, F. C. **Alfabetização fônica**: construindo competência de leitura e escrita. São Paulo: Casa do Psicólogo, 2005. Disponível em: https://livrogratuitosja.com/wp-content/uploads/2022/10/Alfabetizacao-fonica-Alessandra-Capovilla.pdf. Acesso em: 26 mar. 2023.

CAPOVILLA, F. C. *et al.* **Neuropsicologia e aprendizagem**: uma abordagem multidisciplinar. São Paulo: Memnon, 2004.

CARDOSO FILHO, C. R. Jogos Matemáticos para estimulação da inteligência nos distúrbios de Discalculia. **NetSaber**, [s. l.], 2007. Disponível em: https://artigos.netsaber.com.br/resumo_artigo_1649/artigo_sobre_jogos-matemeaacute-ticos-para-estimulaeccedil-eatilde-o-da-inteligeecirc-ncia-nos-disteuacute-rbios-de-discalculia. Acesso em: 27 maio 2024.

CARDOSO-MARTINS, C. A estrutura da consciência fonológica. In: CARDOSO-MARTINS, C. (org.). **Consciência Fonológica & Alfabetização**. Petrópolis: Vozes, 1995.

CARDOSO-MARTINS, C. A sensibilidade fonológica e a aprendizagem da leitura e da escrita. **Cadernos de Pesquisa**, n. 76, p. 41-49, 1991.

CARREIRA, R. S. Grafomotricidade Infantil. **Revista Iberoamericana de psicomotricidade y técnicas corporais**, Espanha, n. 38, 2013. Disponível em: https://dialnet.unirioja.es/servlet/articulo?codigo=5433872. Acesso em: 14 ago. 2023.

CARVALHO, F. A. H. de. Neurociências e educação: uma articulação necessária na formação docente. **Trabalho Educação e Saúde**, Rio de Janeiro, v. 8, n. 3, p. 537-550, nov. 2010-fev. 2011.

CIELO, C. A. **Habilidades em consciência fonológicas em crianças de 4 a 8 anos de idade**. 186 f. Tese (Doutorado em Linguística Aplicada) – Pontifícia Universidade Católica do Rio Grande do Sul, Rio Grande do Sul, 2001.

CINEL, N. C. B. Disgrafia: prováveis causas dos distúrbios e estratégias para a correção da escrita. **Revista do Professor**, Porto Alegre, v. 19, n. 74, p. 19-25, 2003.

COELHO, D. T. **Dislexia, disgrafia, disortografia e discalculia**. 5. ed. Porto: Areal, 2022.

COLOMER, T.; CAMPS, A. **Ensinar a ler, ensinar a compreender**. Porto Alegre: Artmed, 2002.

CONCEIÇÃO, C. V. A teoria da aprendizagem social. **Knoow**: Enciclopédia temática, [s. l.], 2016 Disponível em: http://knoow.net/ciencsociaishuman/psicologia/teoria-da-aprendizagem-social/. Acesso em: 17 jul. 2023.

COSENZA, R.; GUERRA, L. B. **Neurociência e educação**: como o cérebro aprende. Porto Alegre: Artmed. 2011.

COSTA, M. Motricidade fina: 7 Atividades para desenvolver a escrita. **Educamais**, [s. l.], 3 fev. 2022. Disponível em: https://educamais.com/motricidade-fina-escrita/. Acesso em: 14 ago. 2023.

CURITIBA. Secretaria Municipal de Educação. **Integrando saberes aproximações entre Língua Portuguesa e Matemática no 1º ano**. Curitiba: Prefeitura Municipal de Curitiba, 2018.

CUSTODIO, L. de A.; PEREIRA, C. R. D. Transtornos funcionais específicos: conhecer para intervir. *In*: PARANÁ. Secretaria da Educação. **Os desafios da escola pública paranaense na perspectiva do professor PDE**. Curitiba: SEED, 2013. (Cadernos PDE, 1 v.). Disponível em: http://www.diaadiaeducacao.pr.gov.br/portals/cadernospde/pdebusca/producoes_pde/2013/2013_fafipa_ped_artigo_luciane_de_andrade.pdf. Acesso em: 2 maio 2024.

DEHAENE, S. **Os neurônios da leitura**: como a ciência explica nossa capacidade de ler. Porto Alegre: Penso, 2012.

DÍAZ, F. **O processo de aprendizagem e seus transtornos**. Salvador: EDUFBA, 2011. 396 p. Disponível em: http://www.repositorio.ufba.br/ri/handle/ri/5190. Acesso em: 28 abr. 2024.

DUPIN A. A. da S. Q.; SILVA, M. O. da. Educação especial e a legislação brasileira: revisão de literatura. **Scientia Vitae**, São Paulo: Instituto Federal de Educação, Ciência e Tecnologia, v. 10. n. 29, jul./set. 2020.

ELLIS, A. W. **Leitura, escrita e dislexia**: uma análise cognitiva. 2. ed. Porto Alegre: Artes Médicas, 1995.

ENTENDA os transtornos de escrita: disgrafia e disortografia. **Instituto Neurosaber**, [s. l.], 2021. Disponível em: https://institutoneurosaber.com.br/entenda-os-transtornos-de-escrita disgrafia-e-disortografia/. Acesso em: 28 abr. 2024.

ESPANHA. **Declaração de Salamanca**: sobre princípios, políticas e práticas na área das necessidades educativas especiais. Salamanca: Espanha, 1994. Disponível em: http://portal.mec.gov.br/seesp/arquivos/pdf/salamanca.pdf. Acesso em: 14 jul. 2023.

ETAPAS do Desenvolvimento do vocabulário da criança. **Instituto Neurosaber**, [s. l.], 2023. Disponível em: https://institutoneurosaber.com.br/?s=Etapas+do+Desenvolvimento+do+vocabul%C3%A1rio+da+crian%C3%A7a&post_type=post. Acesso em: 30 abr. 2024.

FERNANDES, M. Gêneros textuais. **Toda matéria**, [s. l.], 2024. Disponível em: https://www.todamateria.com.br/generos-textuais/. Acesso em: 20 mar.2024.

FERREIRO, E.; TEBEROSKY, A. **Psicogênese da língua escrita**. Tradução de Diana Myriam Lichtenstein *et al*. Porto Alegre: Artes Médicas, 1986.

GARDNER, H. **Inteligências Múltiplas:** a teoria na prática. Porto Alegre: Artes Médicas, 1995.

GARGHETTI, J. G.; MEDEIROS, J. G.; NUERNBERG, A. H. Breve história da deficiência intelectual. **Revista Electrónica de Investigación y Docencia (REID)**, [s. l.], v. 10, n. 7, p. 101-116, 2013.

GLAT, R.; PLETSCH, M. D.; FONTES, R. S. Educação inclusiva e educação especial: propostas que se complementam no contexto da escola aberta à diversidade. **Educação**, Santa Maria: UFSM, v. 32, n. 2, p. 343-356, 2007.

GOFFMAN, E. **Estigma**: notas sobre a manipulação da identidade deteriorada. 4. ed. Rio de Janeiro: LTC editora, 2008.

GOMBERT, J.-E. Atividades metalinguísticas e aprendizagem da leitura. *In*: MALUF, M. R. (org.). **Metalinguagem e aquisição da escrita**: contribuições da pesquisa para a prática da alfabetização. São Paulo: Casa do Psicólogo, 2003.

GOMES, A. L. L. V. **A Educação Especial na perspectiva da inclusão escolar**: o atendimento educacional especializado para alunos com deficiência intelectual. Brasília, DF: MEC/Secretaria de Educação Especial, 2010.

GOUGH, P. B.; TUNMER, W. E. Decoding, reading and reading disability. **Remedial and Special Education**, New York: Sage Publishing, v. 7, n. 6, p. 1-10, 1986. Disponível em: https://doi.org/10.1177/074193258600700104. Acesso em: 8 ago. 2023.

HAASE, V. G. *et al*. Neuropsicologia como ciência interdisciplinar: consenso da comunidade brasileira de pesquisadores clínicos em Neuropsicologia. **Neuropsicologia Latinoamericana**, Calle, v. 4, n. 4, p. 1-8, 2012. Disponível em: http://dx.doi.org/10.5579/rnl.2012.125. Acesso em: 14 maio 2024.

HOFFMANN, J. **Avaliar para promover**: as setas do caminho. Porto Alegre: Mediação, 2009.

HUDSON, D. **Dificuldades específicas de aprendizagem**: ideias práticas para trabalhar com Dislexia, Discalculia, Disgrafia, Dispraxia, TDAH, TEA, Síndrome de Asperger, TOC. Petrópolis: Vozes, 2019.

IANHEZ, M. E.; NICO, M. A. **Nem sempre é o que parece**: como enfrentar a dislexia e os fracassos escolares. São Paulo: Alegro, 2002.

MALUF, M. R.; CARDOSO-MARTINS, C. **Alfabetização no século XXI**: como se aprende a ler e a escrever. Porto Alegre: Penso Editora, 2013.

MANTOAN, M. T. E. O direito de ser, sendo diferente, na escola: inclusão e Educação: doze olhares sobre a educação inclusiva. **Revista CEJ**, São Paulo, v. 8, n. 26, p. 36-44, 2006.

MARTINS, M. A.; CAPELLINI, S. A. Relação entre fluência de leitura oral e compreensão de leitura. **CoDAS**, São Paulo, v. 31, n. 1, 2018.

MATOS, L. M. B. **Intervenção baseada na ciência cognitiva da leitura em crianças com sinais de transtorno específico da aprendizagem**. 136 f. Tese (Doutorado em Distúrbios do Desenvolvimento) – Universidade Presbiteriana Mackenzie, São Paulo, 2023.

MORAIS, A. G. **Consciência fonológica na educação infantil e no ciclo de alfabetização**. Belo Horizonte: Autêntica, 2023.

MORTON, J. The interaction of information in word recognition. **Psychological Review**, v. 76, p. 165-178, 1969.

NEURO-alfabetização: Processo com começo, meio e fim. **Instituto Neurosaber**, [s. l.], 2023. Disponível em: https://institutoneurosaber.com.br/neuro-alfabetizacao-processo-do-comeco-meio-e-fim. Acesso em: 13 jul. 2023.

O QUE é Psicomotricidade? Entenda o conceito | 5 Minutos. 2022. 1 vídeo (5 min.). Publicado pelo canal Neurosaber. Disponível em: https://www.youtube.com/watch?v=wIHiCBVesX8. Acesso em: 14 ago. 2023.

O QUE é psicomotricidade? **Instituto Neurosaber**, [s. l.], 2022. Disponível em https://institutoneurosaber.com.br/o-que-e-psicomotricidade/. Acesso em: 14 ago. 2023

PEDRO, W. **Guia prático de neuroeducação**: neuropsicopedagogia, neuropsicologia e neurociência. Rio de Janeiro: Wak, 2017.

PESSOA, O. F.; BELLAGUARDA BATISTA, M. I.; SILVA, M. V. L.; FREITAS, P. B. **Psicomotricidade relacional na escola pública**: inclusão, alfabetização e saúde emocional. Fortaleza: Secretaria Municipal de Educação de Fortaleza, 2019. Disponível em: https://pt.scribd.com/document/544097659/psicomotricidade-relacional-na-escola-publica-inclusao-alfabetizacao-e-saude-emocional-1. Acesso em: 5 mar. 2024.

PIAGET, J. **A linguagem e o pensamento da criança**. São Paulo: Martins Fontes, 1986.

ROHDE, L. A. *et al*. Transtorno de déficit de atenção/hiperatividade. **Revista Brasileira de Psiquiatria**, Rio de Janeiro, v. 22, supl. 2, p. 7-11, 2000.

ROTTA, N. T.; RIESGO, S. R.; OHLWEILER, L. **Transtornos da aprendizagem: abordagem neurobiológica e multidisciplinar**. Porto Alegre: Artmed, 2006.

SEABRA, M. A. B. (org.). **Distúrbios e transtornos de aprendizagem**: aspectos teóricos. 1. ed. Curitiba: Bagai, 2020. (Metodológicos e educacionais).

SHAYWITZ, S. **Entendendo a dislexia**: um novo e completo programa para todos os níveis de problemas de leitura. Porto Alegre: Artmed, 2006.

SILVA, C. **Neurociência para a alfabetização**. Maringá: SHS Editora, 2020.

SILVA, J. P.; PANAROTTO, J. A inclusão no contexto atual. *In*: SIMPÓSIO EM EXCELÊNCIA EM GESTÃO E TECNOLOGIA, 11., 2014, Rio de Janeiro. **Anais** [...]. Rio de Janeiro: SEGeT, 2014.

SILVA, V. R. da. **Relatório nacional de alfabetização baseada em evidências**. Brasília, DF: MEC; Sealf, 2021.

SOARES, M. Alfabetização e letramento: caminhos e descaminhos. **Pátio**: Revista Pedagógica, São Paulo, 29 fev. 2004. Disponível em: https://acervodigital.unesp.br/bitstream/123456789/40142/1/01d16t07.pdf. Acesso em: 17 jul. 2023.

SOARES, M. **Alfabetização**: a questão dos métodos. São Paulo: Contexto, 2016.

SOARES, M. Letramento e alfabetização: as muitas facetas. **Revista Brasileira de Educação**, Rio de Janeiro, n. 25, p. 5-17, 2004. Disponível em: https://www.scielo.br/j/rbedu/a/89tX3SGw5G4dNWdHRkRxrZk/?format=pdf&lang=pt. Acesso em: 11 jul. 2024.

SOARES, M. **Letramento**: um tema em três gêneros. Belo Horizonte: Autêntica, 2006. 128 p.

SOUZA, B. K. **Desenvolvimento atípico e inclusão**: concepções de estudantes de ciências naturais. 28 f. Trabalho de Conclusão de Curso (Bacharelado em Ciências Naturais) – Universidade de Brasília, Planaltina, 2017.

SULKES, S. B. S. Visão geral dos transtornos de aprendizagem. **DMS Manuals**, [*s. l.*], fev. 2022. Disponível em: https://www.msdmanuals.com/pt-br/profissional/pediatria/dist%C3%BArbios-de-aprendizagem-e-desenvolvimento/vis%C3%A3o-geral-dos-transtornos-de-aprendizagem. Acesso em: 13 jul. 2023.

TARDIF, M. **Saberes docentes e formação profissional.** Petrópolis: Vozes, 2003.

TEIXEIRA, K. Atividades para trabalhar fluência da leitura. **Mundo da alfabetização**, [s. l.], 2023. Disponível em: https://www.mundodaalfabetizacao.com/atividades-para-trabalhar-fluencia-da-leitura/. Acesso em: 20 ago. 2023.

TELES, P. **Dislexia:** método fonomímico: abecedário e silabário. Lisboa: Distema, 2009.

THIOLLENT, M. **Pesquisa:** ação nas organizações. São Paulo: Atlas, 1997.

TORRES, R.; FERNÁNDEZ, P. **Dislexia, disortografia e disgrafia**. Amadora: McGrawHill, 2001.

VYGOTSKY, L. S. A defectologia e o estudo do desenvolvimento e da educação da criança anormal. **Educação e pesquisa**, São Paulo, v. 37, n. 4, p. 861-870, dez. 2011.

VYGOTSKY, L. S. **A formação social da mente**. São Paulo: Martins Fontes, 1998.